사십과 오십 사이

Foreign Copyright:
Joonwon Lee
Address: 3F, 127, Yanghwa-ro, Mapo-gu, Seoul, Republic of Korea
         3rd Floor
Telephone: 82-2-3142-4151
E-mail: jwlee@cyber.co.kr

사십과 오십 사이

2020. 7. 17. 1판 1쇄 인쇄
2020. 7. 24. 1판 1쇄 발행

지은이 | 김병숙
펴낸이 | 이종춘
펴낸곳 | [BM] ㈜도서출판 **성안당**
주소 | 04032 서울시 마포구 양화로 127 첨단빌딩 3층(출판기획 R&D 센터)
    | 10881 경기도 파주시 문발로 112 출판문화정보산업단지(제작 및 물류)
전화 | 02) 3142-0036
    | 031) 950-6300
팩스 | 031) 955-0510
등록 | 1973. 2. 1. 제406-2005-000046호
출판사 홈페이지 | **www.cyber.co.kr**
ISBN | 978-89-315-8939-9 (13320)
정가 | 14,800원

이 책을 만든 사람들
기획 | 최옥현
진행 | 오영미
교정·교열 | 신현정
본문·표지 디자인 | 디자인86
홍보 | 김계향, 유미나
국제부 | 이선민, 조혜란, 김혜숙
마케팅 | 구본철, 차정욱, 나진호, 이동후, 강호묵
마케팅 지원 | 장상범, 조광환
제작 | 김유석

■ 도서 A/S 안내

성안당에서 발행하는 모든 도서는 저자와 출판사, 그리고 독자가 함께 만들어 나갑니다.
좋은 책을 펴내기 위해 많은 노력을 기울이고 있습니다. 혹시라도 내용상의 오류나 오탈자 등이 발견되면 "좋은 책은 나라의 보배"로서 우리 모두가 함께 만들어 간다는 마음으로 연락주시기 바랍니다. 수정 보완하여 더 나은 책이 되도록 최선을 다하겠습니다.
성안당은 늘 독자 여러분들의 소중한 의견을 기다리고 있습니다. 좋은 의견을 보내주시는 분께는 성안당 쇼핑몰의 포인트(3,000포인트)를 적립해 드립니다.
잘못 만들어진 책이나 부록 등이 파손된 경우에는 교환해 드립니다.

사십과
오십 사이

4050세대
인생 새판 짜기
프로젝트

김병숙 지음

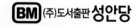
BM (주)도서출판 성안당

우리는 지금 어디로 가고 있는가

2020년 초반, 우리는 올림픽 때나 보았던 국가 대진표를 날마다 확인하곤 한다. 코로나19 바이러스와의 전쟁에서 국가의 대응 능력을 보여 주는 이 대진표에 따르면, 우리나라는 한동안 중국 다음으로 확진자가 많았다. 세계 각국이 우리나라에 빗장을 잠글 때에는 실로 참담하였으나, 유럽과 미국의 확진자 수가 폭발적으로 증가하면서 따가운 시선을 피할 수 있었다.

이 와중에 걸러지지 않은 선정적인 어휘와 궤변으로 사사건건 치고받는 프레임을 고수하는 정치인들, 자신과 노선이 다르면 누구든지 기탄없이 매도하는 논객들, 사건마다 흑백논리로 기사화하는 언론인들, 유명세나 부를 목적으로 자극적이고 흥미 위주의 콘텐츠를 만들거나 유포하는 인터넷 사용자들이 사회적 혼란을 부추기고 있다.

그야말로 혼돈의 형국이고 그 끝은 자멸인 셈이다. 그러나 세계적으로 코로나19 바이러스의 대유행이 시작되자 외국 언론들은 우리의 선진적 의료 시스템과 진단 검사 능력, 검사 결과의 투명한 공개에 찬사를 보냈다. 미국 ABC방송의 이언 패널(Ian Pannell) 특파원은 코로나 확진자가 급증했을 당시 대구에서 공황 상태를 찾아볼 수 없었고, 확진자 수용과 치료에 반대하는 군중도 없었으며, 절제가 바탕이 된 침착함과 고요함만이 버티고 있었다고 보도하였다. 그 뒤 외국 언론들은 사재기가 없는 것에도 놀라워하면서 우리의 성숙한 국민 의식을 조명하였다.

돌이켜 보면, 우리 국민의 저력을 보여 준 큰 사건이 있었다. 2013년 박근혜 정부 초반 국가정보원 여론 조작 사건, 2014년 4월 세월호 침몰 사고, 2015년 한국사 교과서 국정화 논란이 발생한 데 이어 2016년에는 박근혜-최순실 게이트가 드러났다. 이로 인해 퇴진, 하야, 탄핵 논란 속에 2016년 11월 대규모 퇴진 시위가 촉발되어 2017년 3월 10일 박근혜 대통령에게 탄핵 선고가 내려졌다. 국민들의 촛불 시위가 정권 교체를 불러온 것은 세계사에서 유례를 찾아볼 수 없는 일이다.

국민 수준이 이렇게 높을진대, 대한민국 정치인이 말하는 우리나라는 정작 우리나라가 아니다. 그들이 주장하는 국민의 목소리는 정작 우리 국민의 것이 아니다. 그들은 국민을 무서워하지 않고, 권력을 탐하며, 자신에게 유리한 방향으로 우리나라와 국민을 오도하고 있다. 일부 국민은 이러한 탐욕의 언저리에서 현혹되어 그들의 하수인으로 활동하고 있지만, 대다수 국민은 이러한 사태를 조용히 지켜보고만 있다.

사실, 이러한 혼돈은 멀리 내다보자면 다음 단계로의 도약을 준비하는 과도

기에서 일어나는 혼돈이다. 모든 것이 한데 뒤섞여 방향성을 잃어버린 것 같지만, 다음 단계로 나아가 우뚝 서기 위하여 힘을 모아서 대항하는 형세인 것이다. 이 힘은 바로 우리나라의 위대함, 국민의 수월성(秀越性)에서 나온다.

그중 40대에 가장 빛나는 생산력을 내뿜고, 50대에는 그 완성도를 높인다는 점에서 '사십과 오십 사이'는 대한민국의 중추 세력이라고 볼 수 있다. 현재의 혼돈 속에서도 중심을 잃지 않고 나라를 지탱하고 있는 이들은 10여 년 전부터 위기에 놓여 있었다. 40대와 50대는 한창 일할 나이면서도, 원하든 원하지 않든 승진 경쟁과 고용 불안, 부모와 자녀 부양에서 오는 경제적 부담 등 커다란 사회적·심리적 변화를 겪는 시기이다.

더욱이 4050세대의 가슴을 짓누르는 것은 주된 일자리에서 물러나야 하는 날이 다가오고 있다는 점이다. 주된 일자리란 노동자가 10년 이상 근속한 일자리를 뜻한다. 2018년의 신문 헤드라인인 "아빠 햄버거집 면접 간다"는 4050세대가 주변 일자리로 이동하고 있음을 극명하게 보여 준다. 그렇다면 50대 이후에는 모두가 주변 일자리로 밀려나야 할까?

세계경제협력개발기구(OECD)에서 발표한 우리나라의 최근 4년간 주된 일자리 퇴직 연령은 2015년 52.1세, 2016년 50.3세, 2017년 49.2세, 2018년 47.5세로 점점 짧아지는 추세인 반면, 노동 시장에서 완전히 퇴장하는 연령은 71.4세이다(OECD, 2017). 주된 일자리에서 퇴직한 이후에도 약 24년 동안 주변 일자리에 머무르는 셈이다.

4050세대는 현재의 직장에서 버틸 수 있을 때까지 버티는 데 익숙하기 때문에, 결국 대부분이 은퇴 설계 없이 주변 일자리로 이동해야 했다. 한참 일할 나이에 주된 일자리에서 물러나야 한다면, 다음 일자리 역시 주된 일자리여야 한다. 어느 지인은 퇴직한 선배들 중에서 모든 것을 내려놓은 사람만이 재취업에 성공하는 것을 보면서 자신도 모든 것을 내려놓았다고 하였다. 그러나 4050세대의 재취업자들 중에서도 일자리를 잃는 경우가 있는 것을 보면, 본인이 나아갈 방향은 알고 있으나 그에 대해 구체적인 계획을 세우거나 이를 실천에 옮기지 못하였음을 알 수 있다.

결론적으로 4050세대에게 필요한 것은 과거의 삶을 조망하는 자기 성찰, 미래를 가늠하는 현명함, 그리고 현재의 변화에 발맞추어 계획을 세우고 추진하고자 하는 의지력이다. 이를 갖춘다면 '사십과 오십 사이'의 다음 행보는 주된 일자리에 머물 수 있을 것이다. 4050세대에서 버티기 전략이 구버전이라면, 새로운 삶을 개척하기 위한 시나리오를 작성하는 것은 신버전이다.

4050세대가 위기를 기회로 전환시킬 수 있는 전략을 통해 미래를 위한 시나리오를 만들어, 앞으로 펼쳐질 '150세 인생'에 대비하기를 바라는 마음을 이 책에 담았다.

2020년 5월

서초동 연구실에서 김병숙

chapter 1

—

이제는 내 마음의 힘 발견

내 마음 챙김

부족한 나,
있는 그대로 받아들이기

한국의 문화 사업은 1990년대 말에 '한류'를 탄생시켰고, 2000년 초 케이팝이 등장하였으며, 드라마 〈겨울 연가〉, 〈대장금〉, 걸그룹 '소녀시대'의 인기몰이에 이어서 지구촌을 강타한 싸이의 〈강남 스타일〉과 아이돌 그룹 '방탄소년단', 영화 〈기생충〉 돌풍으로까지 이어진다. 그중 싸이가 주는 독특한 매력은 4050세대가 짚고 넘어가야 할 대목이다.

우리는 일그러진 반항아 이미지에 익숙하다. 유쾌한 반항아를 보여 준 싸이는 한국 사회에서 요구하는 틀에 맞지 않는 인물이면서도 지극히 한국적이다. 연예인은 날씬하고 예쁘거나 잘생겨야 한다는 고정관념으로 보면, 뻔뻔한 것 같은 표정에 통통한 싸이의 외모는 실로 파격적이다. 영국 언론과의 인터뷰를 보면, 그는 반항의 이유를 해학적으로 풀이하면서, 솔직하고 양심적이며 당당하기 그지없다.

"저는 그리 책임감 있는 사람이 아닙니다. 하지만 지금 모든 사람이 저를 마치 올림픽 금메달리스트마냥 쳐다보고 있습니다. 막 영국에서 1위가 되려고 하는데, 고국에 돌아오니 모든 사람이 환호해 줍니다. 제가 국가를 대표한다는 의미인데요, 그건 엄청난 거예요. 가는 곳마다 사람들은 한국을 위해 정말 잘했다고 말합니다. 30대에 저는 갑자기 책임감 있는 사람이 된 겁니다. 하지만 저는 여전히 술을 마십니다."

잘나가는 가수들이 저작권을 외치는 반면, 싸이는 누구든지 자신의 콘텐츠를 활용해도 좋다고 허용하였다. 전 세계인이 그에게 열광하는 이유는 규격화된 틀을 내동댕이치는 통쾌함이 있어서이다. 오죽하면 "싸이에게는 세계도 비좁다. 우주로 나가자."라는 말까지 나왔을까.

4050세대는 '남이 인정하는' 사회적 지위에 오르고 나면 일말의 만족감을 얻는다. 하지만 나를 절대적으로 지지해 주던 부모는 점점 늙어 가고, 가족들과는 대화가 끊긴 지 오래이며, 너무 알뜰해서 안쓰럽던 배우자가 어느새 검소함을 지긋지긋해하는 사람으로 변한 것을 깨닫고 나면 서글픈 생각이 앞선다. 노화에 따라 하나둘 질환이 늘어나는 부모, 대학에 들어가는 자녀들을 위해 막대한 재정 지출이 필요한 시기인데, 이제는 승진을 하더라도 3~5년 시한부 인생이거나 승진에서 누락되면 사표를 써야 하는 것이 현실이기 때문이다. 자신에게 남은 것은 '남이 인정하는' 체면을 어느 정도 세울 수 있다는 것뿐이다.

그러나 체면치레를 위한 부단한 노력의 산물인 '남이 인정하는 인생' 끝에는 결국 '과로와 각종 질환, 돌연사'가 기다리고 있다.

이는 사회가 요구하는 4050세대의 틀에 맞추기 위하여 가식과 위선으로 살아 왔기 때문이다. 자신의 성격과는 맞지 않지만 아부와 타협을 하고, 은밀한 공감과 협박도 일삼으며, 목적을 위해서라면 양심도 접어 두었다. 오직 누구나 인정하는 4050세대가 되기 위해서 자신의 처지보다 수준 높아 보이도록 위선을 앞세우고 앞으로만 달려나갔다. 타인에게 인정받는 40대의 삶을 위해 그럴싸한 집을 마련하고, 좋은 옷을 걸치고 고급술과 음식을 즐기며, 체면을 중시하는 사람들과 멋진 장소에서 교류하는 등 과도한 지출을 마다하지 않았다.

'양반은 헐벗고 가난하여 먹을 것이 없어도, 냉수를 마실지언정 이는 쑤셔야 한다.'는 말은 체면의 허상을 단적으로 표현하고 있다. 명분을 중시하는 우리 사회에 수천 년 동안 뿌리내려 온 체면의 정체는 부족함을 감추고 과대 포장하여 자신을 과시하려는 의도에서 비롯된다. "뱁새가 황새 따라가다 가랑이가 찢어진다."라는 속담은 이를 질타한 것이다.

체면을 위하여 살다 보니, 남는 것은 후회와 처절함뿐이다. 한마디로 체면은 후회와 처절함 위에 세워진 가식이자, 은연중에 생겨난 비합리적인 신념이라고 할 수 있다. 그러나 우리는 인간이기에 체면 속에 감추어진 공허, 위선, 불안을 스스로 위로하고, 자신의 체면에 만족하는 교차의 감정을 몇 번 오가다가, "못났으면 어떠냐? 돈 없으면 어떠냐? 만년 과장이면 어떠냐?"라는 객기도 부려 본다. 객기 끝에 슬며시 체면이 고개를 들지만, 체면이 모든 문제를 해결해 주지는 않는다는 생각에 다다르면 다시 서글픔에 휩싸이곤 한다.

이때 처절함과 서글픔에 마음을 빼앗기지 않도록 조심해야 한다. 단연코 그런 마음으로부터 자신을 꺼내어, 앞으로 다른 삶이 있다고 다독이고, 할 수 있다고 다짐하며, 미래를 보아야 한다고 스스로에게 속삭여야 한다. 2050년에 인간의 평균 수명이 150세가 될 것이라는 미래학자의 예측대로라면, 4050세대에게는 아직도 100여 년이 남아 있다. 비록 단순한 객기에서 출발하였을지라도, 자신이 추구하는 삶을 만들어 가기에 100여 년의 시간은 충분히 길고 희망적이다.

그러니 자신의 삶은 다 결정된 것이나 다름없다는 편견을 분연히 떨치고 일어서서, 앞으로 두 배나 되는 인생이 선물처럼 남아 있다고 외치고 이를 자신에게 각인시켜야 한다. 이러한 작업을 되풀이하다 보면, 남아 있는 100여 년의 삶이 현실이 되어 아름다운 모습으로 다가올 것이다. 그런 다음, 마음속에 자리 잡은 100여 년을 어떻게 갖고 갈지 슬며시 질문을 던진다면, 앞으로의 인생을 어떻게 살지에 대한 준비를 절반은 끝냈다고 볼 수 있다. 이러한 질문은 4050세대에서 가장 먼저 갖는 질문이며, 자신 있는 답을 준비하기까지의 과정을 계획하고 검토하고 실천해야 하는 것이다. 싸이처럼 위선과 가식을 내동댕이칠 수 있어야 '부족한 나'가 아닌 '진정한 나'와 만나게 된다.

꾹꾹 참지 말고
감정에 솔직하기

'화가 머리끝까지 뻗쳤다.'

우리는 이따금 이러한 상황에 직면하게 된다. 그 이유가 무엇일까? 화는 우리 인간이 갖는 중요한 감정이면서, 화를 어떻게 표현하는가는 가족의 문화, 더 나아가 민족의 문화와 연결되어 있다. 상대방에게 받은 관심과 배려가 자신이 주었던 것의 양과 질에 미치지 못한다고 판단할 때, 우리는 이를 자꾸 곱씹고 결국 화를 내게 된다. 이를 반증하듯 "어떻게 나한테 이럴 수가 있어?"라는 대화가 오고가는 것이다.

화의 반대편에 있는 행복은 '흥분된, 스릴의, 기쁨의, 고무된, 환희의, 상승의, 좋은, 행복한, 낙천적, 쾌활한, 열렬한, 즐거운, 가까운, 느슨한, 만족한, 조용한' 등의 단어와 연결되어 있다. 그래서 이들 단어를 보기만 해도 행복한 느낌이 든다.

반면에 화는 '난폭한, 적대적인, 격노한, 화난, 엄격한, 미운, 비천한, 보복적인, 공격적인, 짜증난, 성난, 미친, 갈등의, 분개한, 슬픈, 약 오른, 안달하는, 고집 센, 당황한, 짜증나는, 토라진, 들볶는, 성가신, 동의하지 않는' 등의 감정으로 표현된다. 그래서 마음이 평온하더라도 이들 단어를 보면 마음의 동요를 느낀다.

네덜란드 출신의 미국 가톨릭 성직자이자 작가인 헨리 나우웬(Henri Nouwen, 1932~1996)은 인간관계를 깨뜨리는 가장 무서운 적을 '분노'로 규정한 바 있다. 그는 가까운 이웃을 잘 섬기려면 다른 사람의 '과거'로부터 죽어야 하고, 다른 사람을 향한 '분노'로부터 죽어야 한다고 강조한다. 이때 분노의 출발점은 자신의 감정에 대한 과도한 몰입과 과대평가에서 비롯된다.

화는 어떤 경우에 생길까? 화는 ① 원하는 것이 이루어지지 않을 때, ② 원하는 것이 원하는 시간에 이루어지지 않을 때, ③ 원하지 않는 것이 일어날 때, ④ 원하는 대로 사람들이 행동해 주지 않을 때 생겨난다. 자신이 만들어 낸 잘못된 가정을 방어하기 위하여 생존에 반드시 필요한 심리적 방어 기제로 사용되는 것이 '화'이다.

우리는 다른 사람의 부적절하거나 무례한 말, 잔인한 말에 상처를 입거나 모욕을 받았을 경우, 강한 불쾌감이나 적대감이라는 '화'를 만들어 낸다. 화는 폭발력과 속도감이 있으면서 날카로운 칼날과 같은 비수이기도 하다.

화를 다스리는 방식은 그 사람의 인품이나 소양, 습관적인 행동에 따라 다르게 나타난다.

이러한 방식 중에 바람직하지 못한 예를 들면 다음과 같다. 화를 북돋아 준 상대방이 아닌데도 주변 사람에게 화를 내는 경우, 화를 꾹꾹 참고 억누르는 경우, 소리를 지르거나 욕을 하거나 물건을 던지는 경우, 마음속에서 화를 키우고 계속해서 차곡차곡 쌓아 놓는 경우, 화를 이용하여 상대방에게 다른 감정으로 대치하여 사용하는 경우, 상대방과의 관계를 정리하는 경우, 화 속에 갇혀 있어 병적이고 폭발성을 갖는 경우가 그것이다.

우리나라는 정(情)의 나라이기 때문에, 우리 민족은 서로에게 화를 불러일으킬 소지가 다분하다. '여자가 한(恨)을 품으면 오뉴월에도 서리가 내린다.'라는 말에서 보듯, 화의 위력은 가늠하기 힘들 정도로 강하다. 우리 민족은 역사적으로 다양한 형태의 차별을 겪다 보니, 여기에 순응하고자 화를 참고 꾹꾹 눌러놓는 게 습관이 되어 홧병을 앓는 사람이 많다. 홧병은 죽음에 이르게 하는 독과도 같다. 게다가 걸핏하면 화를 내는 성격은 그 주변 사람들까지 우울하게 만든다.

이처럼 화가 누적되면 한이 되어 가학적이고 집요한 '화'의 무덤에 갇히고 만다. 보이지 않는 질량의 정을 서로 주고받다가 공평하지 않다는 생각이 들면 부당함을 알리고 그 관계를 끝내야 하는지, 미운 정이 들었으니 그대로 지속해야 하는지 고민하게 된다. 사실, 여전히 화가 나 있다는 것은 사과를 받아야 용서할 수 있다고 생각할 때, 상대방이 화를 낸 부분에 대하여 책임감 있는 행동을 보이지 않을 때, 상대방이 진심으로 대하지 않을 때, 상대방이 여전히 화를 돋우는 행동을 지속하고 있을 때이다.

이러한 것들이 계속 쌓이면, 껍질을 아무리 벗겨도 또 다른 껍질이 나오는 양파처럼 화를 끝없이 만들어 낸다. 소화가 안 되고, 가슴이 두근거리거나 얼굴이 달아오르며 화난 표정으로 얼굴이 굳어 가는 일이 만성화되면 결국 홧병으로 이어진다.

그렇다면 화를 관리한다는 것은 어떤 의미일까? 근사한 화 관리는 화 그 자체를 존중하고, 화의 근원에 대한 분석을 바탕으로 마음의 대처 방식을 결정하여 표현하는 것이다. 물론, 화를 현명하게 관리하기란 마음 수양이 뒷받침되지 않으면 불가능하다. 그렇기는 해도 화를 표출하던 습관적인 방식에서 벗어나 새로운 방식으로 화를 관리한다면 이를 통해 인품도 넉넉해질 수 있다.

이러한 과정에서 새로운 '나'를 만나는 것은 물론이고, 여태까지 잘 쌓아 놓은 평판도 효과적으로 유지하는 이중의 효과를 볼 수 있다. 가장 쉬운 방법 중 하나는 자신의 감정에 솔직해져서 원하는 것과 그렇지 않은 것을 상대에게 분명하게 전달하는 것이다. 그러면 최소한 오해나 뒤끝이 생기지는 않는다. 이처럼 자신의 감정을 건강하게 표현하는 연습을 꾸준히 한다면, 화를 관리하는 모드로 전환될 것이다.

이제부터 제시하는 화 관리 단계들을 연습하면 홧병이 가라앉고, 몸과 마음의 건강을 보장받을 수 있다.

먼저, 화가 났을 때 자신의 몸 상태를 느껴 보면서 다음과 같은 질문을 던진다. '무엇이 나를 화나게 만들었지? 화를 내니 몸에서는 어떤 변화가 일어나고 있나? 내 숨소리는 다소 거칠고, 얼굴은 붉으락푸르락한가? 화를 내고 있는 내 모습은 내가 원하는 모습인가?'

두 번째 단계는 분노를 일으킨 대상의 말을 경청하고 얼굴을 직시하는 것이다. 상대방의 눈과 얼굴을 들여다보면, 그 사람이 진정으로 말하였는지, 아니면 그저 지나가듯 이야기하였는지 판단이 선다. 전자라면 나를 위하여 말한 것이고, 후자라면 그렇게 분노할 필요가 없다.

세 번째 단계는 오직 이 순간만 생각하고 화를 키우지 않는 것이다. 과거의 원한이나 상처와 연관시키지 않으면서 앞으로 일어날 일을 걱정하지도 말아야 한다. 오직 이 순간, 이 사건에만 주의를 집중한다. 이를 지키지 않으면 켜켜이 쌓아 놓은 화의 장작더미에 불을 붙이는 격이 된다.

네 번째 단계는 심호흡이다. 분노를 일으킬 대화를 들으면, 일단 숨을 내쉬었다가 들이쉬는 심호흡을 한다. 이 심호흡은 각 호흡의 단계를 7단계로 나누고 각 단계마다 호흡을 일정하게 유지할 수 있도록 연습을 하여 화가 날 때 가장 높은 7단계 호흡을 가장 낮은 단계인 1단계의 호흡으로 바꾸어 놓으면 자연 화가 사라진다.

그런 다음 재빨리 생각 체계를 바꾼다. 분노가 일어날 때 '괜찮아. 이건 화를 낼지 어떨지 나에게 해 보는 시험이야. 이기기 위해 참는 거야.'라는 생각으로 상대방을 바라보면, 자연스레 화가 가라앉는다. 싸움에서 먼저 화를 내는 사람이 지는 법이다.

그래도 화가 난다면, 심호흡, 걷기, 독서, 음악 감상, 미술 감상 등에 적극적으로 몰입하면서 '나는 지금 편안하다'는 말을 반복한다. 그 후 자신의 몸이 얼마나 진정되었는지를 다시 한번 관찰한다.

'화'를 잘 관리하는 역량을 지니고 있다면, 이는 성공의 기반을 튼튼하게 닦아 놓은 것이나 다름없다.

흉내 내지 말고
나대로 살아가기

우리 국민의 특성 중 하나는 일등주의가 팽배하고, 일등을 달성하기 위한 모든 행동은 미화된다는 점이다. 이러한 일등 제일주의는 가정에서부터 비롯된다. 부모는 자녀에게 무엇이든 열심히 하고, 이왕 할 거면 1등을 하라고 가르친다. 이러한 가르침은 결국 국민 모두가 반드시 넘어서야 할 목표가 있고 각자의 일에 매진하여 성공을 거두어야 한다는 강박관념을 만들어 내며, 성공만이 가치 있다고 인식하게 하였다. 부모는 자녀가 1등을 하지 못하면, 1등을 한 사람과 비교하여 자녀를 나무라며 각종 지원책을 강구한다. 사실 1등과 2등의 차이는 백지장보다 얇은데, 2등만 해도 패배주의에 사로잡히게 된다.

이러한 모습을 극명하게 보여 주는 것이 올림픽 경기장이다. 다른 나라 선수들은 3위만 해도 감격의 기쁨을 보이지만, 우리나라 선수들은

2위를 하면 1위를 못한 게 분하고 억울하여 한쪽 구석에서 울고 있다. 그들을 보면서 "우리가 저렇게 키워졌구나." 하고 내심 생각한다. 이같은 일등 제일주의는 결국 '전국 1등', '일류 대학교'를 강요하는 어머니를 자식이 살해하는 극단적인 비극을 부르기도 하였다.

이렇게 성장한 우리는 남과 비슷하거나 그보다 높은 위치에 있어야 한다는 목표를 정해 놓고, 항상 남과 비교하면서 살아 왔다. 한 줄로 세워 놓고 잘남과 못남을 구분하는 세상이 된 것이다. 잘남과 못남의 기준은 무엇일까? 이 세상에는 비교의 기준이 너무나 많다. 어느 동네에 사는가? 아파트 몇 동에 사는가? 어떤 차를 타고 다니는가? 명품으로 치장하였는가? 어떤 부류의 사람들과 여가를 즐기는가? 누구와 선이 닿았는가? 이 모든 기준은 권력이나 부와 연결되어 있다. 즉, 우리 모두는 권력과 부에 모든 초점을 맞추고 인생에 매진하는 중이다.

여가조차도 우리는 자유롭지 못하다. 등산을 할 때에도 등산복과 장비를 완벽하게 갖추어야 한다고 생각한다. 그래서 비싼 장비를 착용한 사람을 보면, 잠시나마 자신이 그 사람보다 못났다고 생각한다. 명품으로 치장한 사람들을 보면, 어딘지 허전한 마음을 채우려고 그러는 거라는 생각이 들면서도 은연중에 온라인 쇼핑몰에서 명품을 검색하고 있는 자신을 발견하기도 한다.

우리 수명이 100년이라면 날수로는 겨우 3만 6,500일을 사는 것이다. 타계한 스티브 잡스(Steve Jobs, 1955~2011)는 2005년 스탠퍼드 대학교 졸업식 연설에서 이렇게 충고한 바 있다.

"여러분의 시간은 제한되어 있습니다. 다른 누군가의 삶을 사는 것처럼 시간을 낭비하지 마세요. 다른 누군가의 생각의 결과로 살아가는 독단에 빠지지 마세요. 내면의 소리를 없애버리는 다른 사람들의 의견을 허락하지 마세요. 무엇보다 중요한 점은, 여러분의 마음과 직관을 따르는 용기를 가지라는 것입니다. 여러분은 자신이 진정 되고 싶어 하는 것이 무엇인지 이미 어느 정도 알고 있습니다. 그 밖의 모든 것은 부차적일 뿐입니다."

이러한 대열 속에서 4050세대는 타인의 시각으로 자신의 위치를 점검하고, 그 대열을 좇아 몸을 맡긴 셈이다. 그러다가 독특한 생각을 구현하는 사람들을 보면, "저렇게 하고 싶을까? 대열에서 떨어져 나가는 것이 얼마나 혹독한 시련을 주는데."라고 측은해하다가도 어느덧 그들을 부러워한다. 그러나 현재에 너무나 열중한 나머지, 다른 길이 있다는 것을 그들이 일깨워 주었다는 사실조차 스쳐 지나가는 상념으로 치부해 버리고 만다. 실제로 그 길은 아주 색다르며, 타인의 복사본 인생이 아니라 나만의 원본 인생을 살아가는 길인데도 말이다.

'남이 하는 대로 하면 중간은 간다.'는 말이 있어서 그렇게 살아왔는지도 모른다. 어느 교수는 '극한의 몰두'를 보여 잠도 하루 세 시간만 자곤 했기 때문에 몸이 허약하였다. 오스트레일리아 유학을 다녀왔지만, 외국에서도 집과 학교만 오가다 보니 여행 한번 해 본 적이 없었다. 학위 취득과 학문 연구에 매진하는 이러한 삶만이 독특한 길일까?

뉴스는 성공한 사람들의 이야기로 넘쳐 난다. 그 이야기는 보통 사람이 전혀 흉내 낼 수 없는 경우부터 평범한 발상의 전환만으로 세상을 재패한 경우까지 다양하다. 이처럼 극과 극의 세계가 찬양되고 여기저기 미화된 이야기들이 난무하다 보니, 권력과 금전을 위한 향연에 도취된 우리는 결과에 집착하여 과정을 도외시한다.

그러나 그중에서 매우 평범한 주인공이 감동을 주는 이야기가 소개되기도 한다. 그것은 권력과 부가 아니라 자신의 삶 그 자체를 거울처럼 비추어 낸 진솔한 이야기들이다. 세상의 기준으로 보면 이들은 바보인지도 모른다. 그러나 이들의 얼굴에는 행복한 웃음이 피어난다.

거울 앞에 서면, 자신이 추구하던 바와는 다르게 살고 있는 낯선 이의 모습을 발견하고 흠칫 놀랄 때가 있다. 최소한 이러한 얼굴은 거부하였어야 마땅하다. 다른 사람과 판박이에다 무표정한 얼굴, 세속적 욕망으로 얼룩진 얼굴. 이러한 삶을 직면하는 인생의 마지막 기회가 바로 4050세대이다. 환상과 욕망 속에 묻혀 버린 진정한 나의 얼굴을 찾는 작업은 이제 여기서 시작해야 한다.

이제 4050세대라면, 진정한 나의 얼굴을 갖기 위해 솔직할 필요가 있다. 이제까지 남들이 생각해 놓은 삶, 남들에게 보이는 삶에서 떨어져 나와 '나 자신'을 위한 삶을 살게 된다면, 50대 이후부터는 적어도 자신이 원했던 그런 얼굴을 가지게 될 것이다.

불안과 함께 동거하기

불안을 느끼면 우리 몸에서는 가슴이 두근거리고 얼굴이 빨개지며, 숨을 가쁘게 쉬게 되고, 목소리가 커지고, 땀이 나며, 말이 급히 나오는 등의 변화가 일어난다. 이때 부교감 신경이 재빠르게 평형을 갖도록 도와주어 숨이 정상으로 돌아온다.

"그 친구, 어제 사고로 죽었다는군."이라는 충격적 소식을 접하고 나면, 우리는 "설마, 그저께 나하고 밥도 같이 먹었는데." 하며 의아한 눈초리를 먼저 보내게 된다. 큰 충격에 방어하기 위하여 마음의 평형을 되찾으려고 부정부터 해 놓고 보는 것이다. 이처럼 우리는 불안에 대하여 어느 정도는 통제가 가능하다.

신체의 경우에 감기가 만병의 원인이라면, 모든 마음의 병은 불안에서 생겨난다. 우리 몸은 교감과 부교감 신경이 서로 견제하면서 균형을 유지하기 때문에 웬만한 사안은 저절로 해결된다. 적절한 불안은 스스로를 긴장시키는 좋은 기제이기도 하다. 그러나 도저히 균형 유지가 되지 않을 정도의 불안이 생겨난다면 거기에는 그럴 만한 이유가 있다. 가령, 사정이 여의치 않을 때 갑자기 막대한 자금이 필요하다면 불안한 마음에 잠을 설칠 수밖에 없다.

불안은 막연하다. 그렇기 때문에 우리는 더욱 불안에 빠지게 된다. 4050세대에게 찾아오는 불안은 미래에 대한 막연한 불안감이다. 이제 20여 년만 있으면 노인이 된다는 사실도 막연한 불안감을 높이는 요인이다.

미래의 막연한 불안에 마음을 빼앗길 사이도 없이 현실은 더 많은 불안 요소를 품고 있다. 그래서 사람들은 '직장에서 확실하게 살아남는 방법', '직장인 10년 차 생존 비결', '해고되기 전 나타나는 7가지 징조', '실업을 준비하기 위한 가이드', '확실한 취업 전략', '이력서에 쓰면 안 되는 25개 단어', '퇴직금의 재테크', '실버 시대에 젊게 사는 법' 등 자신의 직업 생활을 경험 삼아 다양한 충고를 하고 있다. 한마디로 이러한 충고들은 직업 세계가 예측할 수 없을 정도로 급변하고 있기에 그때그때 응급처치를 위한 정보들인 것이다.

우리나라는 완전 고용에 가까운 고용 상태를 유지하다가 1997년 IMF 외환 위기로 대량 실업 사태를 맞았다. 그리고 2008년 미국의 부동산 위기에서 비롯된 글로벌 금융 위기가 닥쳤고, 3년 뒤인 2011년에는 유럽 금융 위기가 발생하였다. 그 이후부터는 각국의 금융 위기가 해마다 찾아오다가, 2020년 코로나19 바이러스 사태로 많은 사람이 일자리를 잃는 경제 충격이 현실화되면서 고용 상태가 2008년 금융 위기 수준으로까지 내려앉았다.

위기의 주기가 점점 짧아지다 보니, 기업은 늘 구조 조정을 반복하고 있다. 그래서 지금은 누구나 항상 실업에 노출되어 있는 셈이다. 이러한 기업의 구조 조정과 경영 혁신의 추세로 '평생 직장'이라는 개념이 사라지면서, 우리는 불안정한 직업인으로서 새로운 직장을 찾을 때까지 1년 아니면 그 이상 동안 살아남기 위해 노력해야 한다.

이처럼 현대인은 언제 어느 때나 실업 위기를 감수해야 한다. 이전에는 직업 능력이 부족하거나, 문제를 일으키거나, 기업이 경영난을 겪을 때 실업 위기를 맞곤 하였다. 그 당시 확실하게 살아남기 위하여 조직 문화에 충실해야 한다는 하나의 기준만이 있었다.

4050세대의 스트레스 요인 중 1위는 자녀의 사망이고, 2위는 배우자의 사망, 3위는 부모의 사망, 그다음은 실업이다. 이렇듯 4050세대에게 실업은 가족의 사망 다음가는 대단한 고통인데, 특히 가장 끔찍한 것은 갑작스런 해고이다.

가령, 직장에서 심한 질책을 받을 때, 자신보다 일을 열심히 하지 않은 사람이 인정받을 때, 라이벌인 동료가 칭찬을 받을 때, 동료로부터 부당한 모함을 받을 때 혈압이 올라가고 안절부절 못하는 못난 자신을 발견한다. 그렇게 되면 우리의 행동은 아마 이렇게 변할 것이다. 월요일이면 출근하기 싫거나, 지각이나 조퇴를 빈번히 하거나, 근무 시간에 자주 시계를 보며 퇴근 준비를 미리 하거나, 직장에서 하는 일이 지루하거나 늘 변화를 요구하여 무기력을 느끼거나. 이러한 생활이 반복되면 어느새 실업자 대열로 가는 길목에 들어선 것이다.

어느 인터넷 사이트에 올라온 짧은 글은 실업의 고통을 단적으로 보여 준다.

"어느 사이트에 들어가 보니 백수들의 모임에 '야행성'이라고 밝힌 세 줄의 글을 보았다. '놀고먹는 것도 지쳤다! 새벽이 밝아 오는구나! 잠잘 시간.' 이 세 줄의 글은 내 가슴을 찡하게 파고들면서 이 세상 어느 한 구석에서는 나와 같은 병을 앓고 있는 사람이 있다는 것을 알려 주었다. 내 하루 일과는 이 사람과 다를 바 없다."

우리는 늘 새롭게 변화해야 한다. 어제 가졌던 사고를 오늘은 더 발전시키고, 새로운 정보로 머릿속을 채우고, 긍정적인 마음으로 세상을 들여다보고, 자신이 하는 일에 보람을 느낀다면, 실업을 비껴가는 것이다. 더욱 중요한 것은 앞으로의 미래를 실천 가능한 구체적인 용어로 작성해 보고 수정과 보완을 반복하며, 자기의 삶으로 받아들이고 불안의 근원지를 퇴치하는 것이다.

불안의 근원지는 실체를 알 수 없는 두려움이다. 실체를 모른다면 대처할 능력이나 방법이 없기 때문에 불안하기 마련이다. 무엇인지 몰라도 압박감을 서서히 느낄 때, '언젠가는 없어지겠지.' 하고 미루어 놓으면 막연한 불안이 증폭되어 결국 마음의 평형을 잃으면서 그 결과는 더 나쁜 방향으로 진행될 것이다. 직면하고 싶지 않더라도 나를 압박하는 두려움의 정체를 좀 더 깊이 파악하고 자신의 능력과 비교하여 보완할 방법을 구체화시키면, 사실과 실체를 인정하고 이를 해결할 능력을 갖게 된다.

이처럼 불안의 근원을 물리치고 나면, 막연한 미래에 대한 대처 능력이 생긴다. 그러므로 불안은 삶의 일부이며, 불안을 즐기게 되면 또 다른 불안을 즐겁게 맞이할 수 있다. 곧 삶은 불안 그 자체를 즐기는 것이다.

상처는 사랑으로 녹이기

대학교 1학년 때, 아버지가 뇌출혈로 쓰러지시자 집안은 풍비박산이 났고 경제적으로도 어려워져 졸업조차 할 수 없게 되었다. 가족의 살림과 학비를 감당해야 하였던 그 시절, 세상에 대한 분노가 끊임없이 일어났다. 이때 처음으로 험난한 세상과 맞닥뜨린 것이다.

이 와중에 우여곡절 끝에 대학에 계속 다닐 수 있었다. 어느 날 대학원에 다니는 선배가 한국대학생선교회(CCC)의 대표로 계시던 김준곤 목사님(1925~2009)과 만나도록 주선해 주었다. 선배의 간곡한 부탁에 조선호텔 커피숍에 들어섰을 때, 김 목사님이 다가오셔서 자리를 안내해 주셨다.

목사님과의 만남은 차 한잔 마실 정도의 짧은 시간이었다. 목사님은 이것저것 질문하시는 대신, 독일의 어느 심리학자 이야기를 들려주셨다.

그 심리학자는 어린 시절에 부모님 방 앞을 지나다가, "피임을 했는데 얘가 어떻게 태어났는지 모르겠어."라는 대화를 우연히 엿들었다. 그때부터 그는 세상과 담을 쌓고 '왜 태어났을까?'라며 자신을 학대하다가 자폐증을 갖게 되었다.

대학생이 된 그는 한 여성을 만나 사랑하게 되었고, 그녀의 사랑 덕분에 자신만의 세계에서 걸어 나올 수 있었다. 그는 그때 자신이 처음으로 스스로를 사랑했음을 깨달았다.

목사님은 이러한 일화를 들려주시고는 내게도 자신을 사랑하라고 당부하셨다.

'내가 왜 나를 사랑하지 않아? 나만큼 나를 사랑하는 사람이 어디 있다고. 별 싱거운 소리를 다 듣겠네.'

이것이 그 당시 솔직한 나의 마음이었다.

그러나 세월이 지나고 나서 깨달았다. 목사님이 그때의 내가 '자신을 학대하는' 얼굴을 하고 있다는 것을 단번에 알아차리시고, '자신을 사랑하라'는 대단히 귀한 말씀을 주신 것을.

실업자들을 관찰하다 보면, 자신을 사랑하는 사람과 그렇지 못한 사람 사이에는 극명한 차이가 있다는 것을 발견하게 된다. 자신을 사랑하는 사람은 "실업도 꽤 괜찮은 도전이지."라고 생각한다. 그렇지 못한 사람은 스스로 못났음을 거듭 되새기고, 누가 자신을 실업자로 단정할까 봐 밖으로 나가는 것을 극도로 꺼리며, 사람과의 대화에서 스스로

　　　　　　　　　　　　　　　　　　사십과 오십 사이

침울해한다.

그러나 사실 우리는 누구나 실업에 노출되어 있기 때문에, 실업자가 되었다면 또 다른 실업을 예방할 수 있는 대단히 중요한 경험을 쌓을 수 있는 기회이니 이를 괜찮은 도전이라 여긴다면 문제가 저절로 해결될 수 있다.

40~50대가 되어 세상을 바라보면서 사방을 둘러보아도 자기가 갖고 있는 것이 작아 보이고, 못나 보이고, 없다고 생각하여 자신을 괴롭히고 학대한다. 이는 그 시련에서 살아남을 자를 가려 내기 위한 시험대에 서 있는 격이다. 자기를 학대하고 괴롭히는 것은 그 상처들을 메우기 위하여 더 많은 돈과 노력, 시간이 필요하게 된다.

'나'의 시험대는 설혹 혹독하더라도 견딜 수 있어야 한다. 그 견디는 힘은 '나'를 사랑하는 것이고, '나'를 받아들이는 것이고, '나'를 개방하는 것이다. 그것이 설령 못났고, 잘못되었다 하더라도 사랑하고 받아들이고 개방해야만 한다.

건강한 자존감을 만들고 유지할 수 있는 핵심은 나 자신을 있는 그대로 사랑하는 데 있다. 스스로를 사랑하는 것이 바로 자신의 가치를 인정하는 것이다.

내가 누구인지 알기 위해서는 좋아하는 것, 싫어하는 것, 장단점, 원하는 것 등에 대하여 탐구하는 시간을 늘 가져야 한다. 이와 같이 자신의 가치를 인정하는 것은 스스로를 수용하고 인정하는 것이다.

그러기 위해서는 다음 네 단계 과정을 거친다.

첫째, 지금 자신이 가지고 있는 잘못된 신념 체계를 이해한다.

둘째, 자기를 사랑하는 것은 이기적이라고 배워 왔다면 이 모든 것을 잊어버린다.

셋째, 자신을 인정하는 것은 오직 자신의 책임이라는 것을 이해해야 한다.

넷째, 자신의 가치를 인정하는 과정에 신뢰를 갖는다.

이러한 과정은 마치 도를 깨우치는 것처럼 어려워 보일 수 있으나, 조용히 자신의 마음의 소리에 귀를 기울이다 보면 이해하게 된다. 자신을 사랑하기 위해서는 자신에 대하여 하나씩 따져서 그 결과에 주목하는 대신, 자신의 의문을 그대로 마음으로 받아들인다. 이를 '자기 수용'이라고 하는데, 자기 수용은 자기 이해와 다르다. 자기 이해가 자신의 행동에 대한 자신의 마음이나 감정을 아는 것이라면, 자기 수용은 있는 그대로 자신을 받아들이는 것이기 때문이다.

이처럼 수용은 이해보다 고차원적인 마음의 단계로서 즐거움과 아픔을 그대로 녹여 내는 단계라고 할 수 있다. 한마디로 자신의 못난 것, 잘난 것, 미움이나 상처, 그 밖의 어떤 것도 모두 받아들이는 것이 자기 수용인 것이다.

자기 수용은 변화를 위해 필수적인 전제 조건이며, 자기애를 향한 문을 열어 주는 열쇠이다. 자기 수용 단계에서는 자신이 지닌 독특하거나 특별한 자질을 인식하는 것이 곧 자기 가치를 인정하는 일이다.

자신의 부정적인 면을 받아들이기 어렵지만 이해하고 용기 있게 인정하며, 내가 누구인지 끊임없이 탐색하고, 내가 이해한 나를 내가 받아들이는 작업이 늘 함께 이루어져야 한다. 그러니 세상에 대고 이렇게 외쳐 보자. "나는 나를 사랑한다!"

'나'는 이 세상에서 하나밖에 없는 존재이다. 대장 내시경을 난생처음 하던 날, 내시경에 비친 몸속 장기 내부에는 맑은 분홍색을 띤 아름다운 구불거리는 터널이 이어져 있었다. 이것은 '나' 안에 존재하는 새롭고 경이로운 세계이자, 한 번도 보지 못한 미지의 세계이면서 신비하기 짝이 없는 세계였다. 그러한 세계가 내 몸 안에 있다는 것이 새삼스러웠으며, 새로운 '나'를 알 수 있었다.

이처럼 '나' 안의 '나'는 60조 개의 세포로 이루어져 있으며, 2~3억분의 1의 확률로 만난 정자와 난자를 통해 생겨난 생명체이다. 그러니 이러한 '나'를 사랑할 수밖에 없다.

긍정적인 말로
충전하기

대부분의 사람들은 앞으로 150세의 수명을 구가한다는 정보를 듣고 당혹해한다. 그러고는 제일 먼저 드는 생각은 이것이다.

'과연 지금의 배우자와 100년 넘게 살 수 있을까?'

사실, 150세의 수명이 기다리고 있다는 것은 지금 우리가 갖고 있는 신체적·정신적 자원들을 아직도 100년 넘게 가동해야 한다는 사실을 의미한다. 그러기 때문에 배우자와의 관계 지속 여부를 궁금해하기보다는 현재의 신체적·정신적 자원들을 100년 이상 더 가동할 수 있는지 의문을 품는 것이 우선이다.

우리는 자신이 인정하고 싶지 않은 모습으로 변해 있을 것이다. 그 모습은 세상이 내 마음대로 되지 않는다는 것을 알기에, 호기심과 감동에서 일찌감치 멀어져 시큰둥해질 수 있다. 아니면 도리어 새로움에 대한 도전 정신이 넘쳐 나는 사람이 되어 있을까 봐 겁도 난다.

지금의 나는 술을 마시면 숙취 해소제에 의지하고, 담배를 많이 피면 기관지를 보호하는 강장제를 먹는다. 값비싼 최신 등산 장비를 마련하였지만, 정작 등산은 언제 갔는지 생각도 안 난다. 마치 돈을 낳는 기계인 양 대책 없이 돈을 요구하는 가족들을 보면, 이 무거운 책임이 죽어서나 끝날 것인가 가슴에 돌을 얹은 느낌이다. 일주일간 쌓인 피로를 풀려고 주말에는 집에서 쉬고 싶지만, 나들이 하자고 보채는 가족들을 보면 짜증이 난다. 한 달이 부득부득 다가오면서 카드 값이나 은행 이자를 위해 집과 직장을 쳇바퀴 돌 듯 왕복하는 자신을 발견하면, 막막함 때문에 머리가 아파 온다.

이와 같은 중압감에 우리는 더욱 크게 외쳐 본다. 도대체 이 세상에는 나의 호기심을 일깨워 줄 무엇이 있단 말인가. 호기심의 대상을 어디서 찾는단 말인가. 아무리 둘러보아도 우리의 호기심을 일깨워 줄 것은 없다.

그렇기에 인생이 지루해져서 세속적인 것에 파묻혀 있는 것이 더 편할지 모른다고 생각한다. 유행가 가사에 몸을 맡기고 세상을 본다면 이것도 좋다. 남들이 즐기는 레저 스포츠에 푹 빠져 있다면, 이는 건강과 즐거움을 추구하는 것이므로 좋다. 그뿐만이 아니다. 드라마를 보면서 세상 사람들과 이야기하는 것도 보통 재미가 아니다. 술! 대단한 마력이 있는 이 술은 나의 마음을 통쾌하게 만든다. 게임이나 질주하는 차의 스피드에 몸을 맡긴다면 짜릿한 쾌감을 맛보게 된다.

이러한 잡다한 행동들 끝에는 언제나 허무하다는 생각에 빠지고, 결국 인생에 대한 부정적인 말투가 습관이 된다. "젠장, 세상이 왜 이 모양이야?", "아니야, 이러한 삶은 아니야.", "재수가 없네." "이건 불가능해.", "나는 불행해.", "나는 왜 이렇게 생겼어.", "하는 일마다 안 되네.", "저 사람은 나보다 못났는데 왜 저렇게 잘나가지?"

이러한 말들로 이어진 세상은 어두울 수밖에 없다. 우리가 명심해야 하는 것은 '길흉화복은 말이 관장한다.'는 격언이다.

시인 박목월(1915~1978) 선생님의 장남이자 서울 대학교에서 정년 퇴임한 박동규(1939~) 교수의 강의를 듣고는 '이분이 참으로 박목월 선생님의 아드님이구나.' 하고 실감할 수 있었다. 그 분은 같은 의미의 말인데도 큰 차이가 있다는 것을 비유를 들어 명쾌하게 제시하신 것이다.

그분은 밤늦게 귀가해서 사모님이 "저녁 드셨어요?"라고 하면 아무리 배가 고파도 밥을 먹지 않지만, "시장하시죠."라고 하면 아무리 배가 불러도 밥을 먹는다 하였다. 사실, 이 두 말은 같은 의미이다. 그러나 하나는 말을 하는 사람의 편의주의에서 출발한 것이고, 다른 하나는 상대의 입장에서 출발한 것으로 부정과 긍정의 면을 갖고 있다.

서로 의견을 피력할 경우 한 사람의 의견에 대해 '아니다'라고 자기 의견을 제시하기보다는, 상대방의 의견도 맞지만 자신의 의견은 '다르다'라고 표현하는 것이 바람직하다. "의외로 잘하네."라는 칭찬은 자기가 판단한 기준에 그 순간만 넘쳤다는 의미이지만, "생각보다 잘하네."

는 미처 생각하지 못한 것을 자기 탓으로 돌리고 앞으로는 생각을 고치겠다는 의미이다.

2020년 코로나19 바이러스 사태에 정은경 질병관리본부장은 말과 행동에서 국민에게 큰 신뢰를 준 인물이다. 기자들이 "요즘 하루 몇 시간 자나요?"라고 묻자, 그녀는 "한 시간보다 더 자요."라고 대답하였다. 하루가 다르게 수척해지는데도 그녀의 답은 매우 긍정적이다.

회의 시간에 늦었기에, 어느 대학교 주차장에 불법 주차를 한 적이 있다. 회의 내내 걱정이 되었으나, 내심 단속에 걸리지 않기만 바랐다. 불법 주차를 하고 나면 운전석 앞 유리창에 딱지가 붙어 있거나, 벌금 청구서가 유리창에 끼어 있고, 쓴소리가 담긴 메모가 있는가 하면, '절대 주차 불가'란 대단히 화가 난 듯한 빨간 글씨체를 만나기도 하고, 싸울 듯한 얼굴의 다른 차 주인과 마주치는 것이 통례이다.

회의가 끝나 급히 나가 보니 뜻밖의 글귀를 만나게 되었다. "바른 주차 안내" 그리고 그 다음 줄에 "하! 하! 하! 너무 급하셨군요. 아래 표기 사항을 참조하세요. 다소 불편하셔도 주차 질서를 위해서 협조 부탁드립니다. 좋은 하루 되세요. 남을 배려할 줄 아는 주차 문화, 기분 좋은 생활". 참 기분이 좋은 한편으로는 불법 주차를 한 행동이 부끄러워졌다.

고통 속에서 나날을 보낼 때 사람들은 이러한 말에서 위로를 얻는다. "골이 깊으면 그만큼 뫼가 높다.", "지금이 바닥이라면, 그 다음은 올라가는 것밖에 없다.", "하나의 문이 닫히면, 다른 문이 열린다."

등은 사실 식상한 표현 같지만 그 순간에 가장 잘 어울리는 말들이다. "나는 괜찮은 사람이지. 이 세상! 살아 볼 만해. 그리고 재미있잖아." 같은 말을 이렇게 표현한다면 살아 볼 만한 세상을 만나게 된다.

불행하다는 사람을 만나게 되면 이 세상이 살아 볼 만한 세상임을 일깨워 주고, '할 수 있어.'라며 격려해 보자. 여러 가지 단어를 구사하여 그들의 마음을 움직여 보자. 그러는 동안 자신의 세계도 격려가 될 것이다. 주위가 행복해지면 자신에게도 또 다른 행복이 찾아온다.

그러자면 목소리에는 행복이 묻어나야 하며, 행복이 묻어나는 목소리를 위해 음향과 음색에 관심을 가져야 한다. 목소리는 힘이 있으나 결코 높지 않으며 흔들리지 않아야 하고, 멀리 퍼지는 듯한 음색을 지녀야 한다.

행복이 묻어나는 음향과 음색으로 '나'에게 이렇게 이야기해 보자. "지금은 어렵지만 기회는 곧 올 거야.", "나는 어렵더라도 헤쳐 나갈 수 있어.", "지금 나는 넘어졌지만 곧 일어날 거야.", "나는 이 상황을 잘 처리할 자신이 있어.", "나는 열정으로 이 세상의 어려움을 개척할 수 있어.", "나는 150세까지 멋있게 살 자신이 있어.", "나는 정말 괜찮은 사람이지.", "나는 매력적이고 유능한 사람이야.", "이 세상은 살 만하다." 등등. 이러한 긍정적인 말의 힘은 실흉화복을 관장하기에 충분하다.

복잡할수록
생각 멈추기

우리나라에서 늘 가고 싶은 유적지로는 단연코 황룡사 터를 꼽겠다. 그 터에 앉아 있노라면 인간의 원대함과 허무함, 욕망과 좌절, 간절함과 무심함, 순수함과 탐욕, 미래와 과거 등이 어우러지는 소리가 들려온다. 4.5미터에 이르는 장륙존상(丈六尊像)을 안치한 금당지의 중앙 기단에 드러누워 팔을 벌리고 하늘을 보면, 망망대해를 날고 있다고 착각이 든다. 어디 그뿐인가. 이곳이 범상치 않은 장소임을 알리듯 가끔 새들이 군무도 펼친다.

2,500여 평의 늪지를 메워 금당을 세우고 한 변의 길이가 22.2미터, 높이 80미터의 9층 목탑이 있던 곳에는 일정한 비율로 배치된 64개의 초석과 심초석만이 남아 있어 탑의 거대함을 가늠하게 한다. 신라는 삼국을 통일하고자 하는 간절한 소원으로 9층 목탑을 조성하였다. 〈삼

유사〉에 따르면, 백제의 아비지는 명을 받고 와서 처음 찰주(刹柱)를 세우던 날, 본국 백제가 멸망하는 모습을 꿈꾸었다. 아비지가 처연하여 일을 멈추자, 홀연 노스님과 장수가 나타나 다시 찰주를 세우는 것을 보고 운명으로 여겨 탑을 완성하였다. 결국 신라는 이 탑을 조성하고 나서 삼국 통일을 이루어 낸다.

1,500년 전 당시, 아파트 30~35층에 달하는 탑을 세운 건축 기술 최고의 명장 아비지. 예견된 조국의 멸망을 알면서도 이를 피할 수 없었던 그의 운명이 황룡사 터에 잠들어 있다. 신라의 세 보물 중 '장륙존상'과 '9층 탑'이 있었던 이곳은 약 2만 평에 달하는 드넓은 빈터로서 마음을 탁 트이게 해 준다. 황룡사 터에서 들려오는 소리는 몇 시간을 들어도 그치지 않는다.

그런가 하면 이 땅에서 살았던 3,500년 전 선조의 흔적 중에는 대규모 삶의 터전을 보여 주는 곳이 있다. 바로 전라북도 고창군 매산리에 있는 고인돌이다.

고색창연한 석상에서 묻어나는 수천 년의 색조를 가진 돌들이 여기저기 흩어져 있고, 장대하기 짝이 없는 거대한 돌들을 이동하여 안치된 모습들을 보면 오늘날 중장비의 위력을 무색케 한다. 넓고 반듯한 석상을 올려놓은 아름다운 고인돌이 있는 곳은 제를 지냈던 곳이다. 이처럼 우리 선조들의 바람을 고여 놓은 넓은 석상에서 기원을 하였기에 수천 년의 역사가 지속되는지도 모른다.

우리 선조들은 좌청룡 우백호의 산세에 드넓은 평야가 있고 물이 흐르는 평화롭기 짝이 없는 장소에서 삶을 이어 갔다. 이와 같은 장소라면, 생각의 복잡함에서 뛰쳐나올 수 있지 않을까?

경상북도 안동 병산서원의 만대루는 정면 7칸, 측면 2칸의 팔작지붕 누각이다. 만대루에 앉아 앞에 흐르는 낙동강과 병산을 보고 있으면, 마치 일곱 폭의 병풍을 펼쳐 놓은 양 풍경이 고요하고 아름답다. 우리 선조들의 미적 감각은 이러한 솜씨이다. 우리 선조들은 건물을 지을 때 바깥 풍경을 집 안으로 가져오듯, 마치 창문이 사진틀 역할을 하도록 하였다. 만대루에서 일곱 폭 병풍을 한참 보고 있자면 마음이 정지되고 평온해지는 것이, 생각을 멈추게 하는 데는 그만한 장소가 없다.

우리는 타임머신이 정말 있었으면 하고 간절히 원할 때가 있다. "내가 왜 그때 그렇게 말을 했을까?", "왜 하필 그때 내가 왜 그런 행동을 했을까?" 시간을 돌려 새로운 국면을 맞기를 바라는 애타는 절규이다. 이러한 생각이 들 때면 못난 자신을 비난하곤 한다.

자신을 비난하다 보면, 소리를 지르거나, 텔레비전을 보면서 음식을 어적거리며 먹거나, 노래방에 가서 악을 쓰고 노래를 하거나, 마구 쇼핑을 하며 스트레스를 푼다. 그렇게 한다면 자기 비난이 끝나야 하는데 빈틈이 날 때마다 자기 비난이 고개를 든다.

이처럼 고통스러운 시간들을 떨쳐 내고 싶은 게 인지상정(人之常情)이지만, 이러한 기억은 기어코 머릿속을 맴돈다. 그러니 이 시간을 다른 시간으로 바꿔치기한다면 힘들었던 시간이 새로워질 것이다.

'생각 멈추기'는 자신의 고통스럽고 기억하고 싶지 않은 시간들을 다른 시간으로 만드는 중요한 기법이다. 너무 힘들고 고통스러운 시간들이 있었다 한다면, 그러한 시간들을 멈추게 하고 다른 시간들을 만들어 낸다면, 그 고통이나 힘든 것을 다른 각도에서 바라볼 수 있어 스스로 고통에서 벗어날 수 있는 힘을 길러 주게 된다.

이와 같은 이치가 있음에도 불구하고, 우린 시간을 죽이는 일에 능통해 있다. '시간 죽이기'는 '생각 멈추기'와 정반대이다. '시간 죽이기'는 이 시간만 지나면 모든 것이 해결될 것이라고 생각하여 문제에 직면하지 않고 회피하는 행동이다. 그러므로 말뜻처럼 그 시간은 죽은 것이나 마찬가지이다.

사실, 우리는 태풍이 다가오면 지나가기를 기다리는 게 최선이라고 생각한다. 회사에서도 날이 선 감사가 있으면, 그냥 태풍이 지나가도록 '시간 죽이기'에 연연한다. 가장 흔한 방법이 인터넷에 빠져드는 것이다. 인터넷에 나타난 진실과 거짓, 탐욕과 정진, 분노와 즐거움 등의 온갖 이야기들을 보면서 시간을 죽이는 동안, 내 문제는 그 시간만큼 방치된 것이다. 사이버 세계는 점점 인간을 가두어 놓아 사이버 세계에 있는 것만 진실로 믿게 한다.

'시간 죽이기'에 열중했을 때, '생각 멈추기'를 시도하는 것은 단 5초도 걸리지 않는다. 그러나 그 지속력을 강하게 만드는 노력은 자신과의 싸움에서 비롯된다. '생각 멈추기'를 방해하는 요인들이 있다면, 더욱 완강하게 저항하여 이 싸움에서 이겨야 한다. 머릿속에서 일어나는 싸움을 돕기 위하여 그 자리를 빠져나와 다른 곳으로 이동하는 것도 좋은 방법이다.

'생각 멈추기'를 위해 늘 머무르는 곳에 의미 있는 사진이나 물건, 나의 일기, 중요한 사람들에게서 받은 소품들을 놓아 두자. 나의 고통을 위로해 주는 친숙한 것들에 잠깐 마음을 뺏긴다면, 고통스럽고 힘든 시간을 줄이는 데 큰 도움이 된다.

생각을 멈추고 의미 있는 장소나 사람을 찾아갈 수 있다면 더더욱 좋다. 황룡사 터 같은 유적지를 찾아, 인간의 모든 고뇌가 묻어 있는 세월을 느끼며 자신의 마음을 들여다본다면 생각이 더욱 명쾌해진다. 수천 년의 고색창연한 고인돌을 보거나 시간이 멈춘 것처럼 아름다운 변산 어인에 들러 보면, 복잡한 분세가 단순하게 다가오고 이 세상이 아름답다고 느낄 것이다.

'이 나이에'라는 생각 버리기

2020년 2월, 서울 예술의 전당에서 박정자 배우의 연극 〈노래처럼 말해 줘〉를 관람하였다. 22세부터 57년간 한 해도 쉬지 않고 무대에 선 그녀는 이렇게 말한다.

"놀랍게도 난 후회가 없어요. 그건 내가 아직은 일흔아홉이기 때문이에요. 일흔아홉이 되면 선택은 두 가지예요. 죽든지 아니면 여든이 되든지. 구멍 난 배에 타고 있는 나이같지만, 여든의 연극배우가 얼마나 할 일이 많은지 때때로 나는 생각해요."

그리고 여든이 넘어 관객이 단 한 명뿐일지라도 자신의 공연은 끝나지 않을 것이라며 그날의 연극을 마감하였다.

사십과 오십 사이

인생을 살아오면서 언젠가부터 생긴 나의 목표는 '환갑잔치에 허리 24인치, 하이힐 신기'였다. 늘 이 생각에 도전하고, 이 목표를 이루기 위해 노력해 왔다. 그때부터 '20대로 진화하기'가 인생의 프로젝트가 되었다. 누군가가 '연세'가 어떻게 되느냐고 질문할 때마다 '20대로 진화하는 중'이라고 대답한다. 사실, 이제까지 살면서 나이를 따로 계산해 본 적이 없다. 그런 한가한 시간을 갖지 못한 것은 바쁘기도 하거니와, 나이가 중요하지 않았기 때문이다. 이런 생활 탓에 30년 전 옷도 즐겨 입는다.

우리나라 사람들은 '이 나이에'라는 말을 입에 달고 사는 경향이 있다. '나이'가 어쨌다는 것인가. 습관적 관용 어구로 사용되는 이 말은 그 사람을 진부하고 늙어 보이게 만든다. 이제는 '이 나이에'가 아니라 '20대로 진화 중'이란 관용 어구를 습관적으로 써 보자.

얼마 전, 서울 지역의 은퇴한 베이비부머 집단을 만날 기회가 있었다. 이들은 재취업이 어려운 가장 큰 요인으로 '나이가 많아서'를 꼽았다. '나이가 많다'는 표현은 이미 변명을 앞세우고 노력을 그만큼 하지 못한 탓도 있다. 지금 노동 시장에서 가장 취업률이 높은 세대가 50대 이후 세대이다. 그러면 이들은 나이가 많은데 어떻게 취업을 할 수 있는가?

여성가족부 사이트에서 5년 동안 사이버 직업 상담을 실시한 적이 있다. 상담 신청 글의 첫머리는 하나같이 '나이가 많아서'였다. 나이가 어떻기에 이러한 표현을 하는지 살펴보니 20세도, 30세도, 50세도 자기 나이가 많다고 하였다. '나이가 많다'는 심리적 기준이기에 젊은 사람조차도 자기 나이가 많다고 하는 현상이 나타난 것이다.

'이 나이에'라는 표현 속에는 자신의 위세를 세우려는 의지가 있다. 위세는 다른 사람들이 치켜세워 주는 것이지 스스로 세우는 것이 아니다. 그러나 '이 나이에'는 스스로 치켜세우기 위한 표현이다. 이 표현을 만날 때마다 스스로 한계를 정하고 움직이는 그 모습이 안쓰럽기 짝이 없다.

　40~50대가 지나면서 새로운 전환을 꿈꾸고 20대로 진화하는 인생 프로젝트를 추진한다면, 이 세상은 40대 이상에 대해 다시 평가하고, 놀라워할 것이다. 그래서 나이 든 사람은 고령자가 아니라 생산 잠재력이 높은 집단으로 재인식하게 될 것이다.

　20대로 진화하려면 생활 습관부터 바꾸어야 한다. 먼저, 나이가 들수록 항상 청결해야 한다. 청결하다는 것은 신체적인 면도 있지만 옷과 신발도 마찬가지이다. 누가 보아도 청결한 이미지를 주기 위하여 단정한 모습이 필요하다. 코털이 삐죽 나와 있는 모습은 보기에 민망할 정도이다. 말끔한 면도와 단정하고 청결한 옷차림이 변함이 없다면, 20대로 진화하는 프로젝트에 이미 들어선 것이다. 이 원칙이 무너지면 노인의 모습으로 변해 간다.

　관리자 입장의 딱딱한 말투도 바꾸어야 한다. 나이가 들면 상대를 하대하는 말투를 사용하기 쉽다. 정중한 인사를 건네고 그윽한 목소리를 내는 것은 '나이 듦'을 거부하는 것이다.

　자신이 늘 사용하는 언어의 습관들을 고치는 것은 매우 공들이지 않으면 어렵다. 그러므로 휴대 전화의 녹음 기능을 이용하여 평소 자신의 말투를 들어 보고 객관적으로 평가하여 습관을 고칠 계획을 세워야 한다. 이 역시 100여 년을 사는 데 매우 중요한 계획이다.

얼굴 모습도 관찰할 필요가 있다. 얼굴의 좌우대칭이 너무 빗나갔다면, 이는 한쪽으로만 잠을 잤다거나 한쪽으로만 음식을 씹어서 생긴 것이다. 이러한 습관도 조정해야 한다.

이마에 금이 가로로 그어져 있다면, 이는 눈을 치켜뜨는 버릇에서 비롯된 것이다. 양쪽 미간에 세로로 금이 그어져 있다면, 이는 시력 때문에 생긴 것이다. 얼굴 근육을 어떻게 사용하느냐에 따라 자신의 얼굴을 가꿀 수 있다. 항상 입 꼬리를 위로 올리는 습관을 들이면 상대에게 밝고 여유로운 모습을 보여 줄 수 있다.

나이가 들수록 얼굴 가꾸기에 심혈을 기울여야 한다. 남성들은 화장품을 그다지 즐겨 쓰지 않는다. 이전까지 사용하지 않았다 하더라도 화장품을 챙겨 바르고 늘 얼굴이 반짝거리도록 노력한다. 세상에 어떤 인사 담당자가 얼굴색이 어두운 사람을 채용하겠는가? 얼굴의 색과 표정은 자신이 갖고 있는 상황을 나타내는 '종합 상황판'이기에 늘 여유 있고, 반짝거리고, 밝아야 한다. 이것이 20대로 진화하는 비결이다.

나는 사람의 걸음걸이를 관찰하는 오랜 습관이 있다. 바르지 못한 자세로 걷다 보면, 점점 신체적으로 불균형을 가져오게 된다. 올바른 걷기, 올바른 자세로 앉기가 몸에 배어 있는 사람을 보면, 그렇지 않은 사람보다 경쟁력이 있어 보일 정도이다.

걷는 모습의 가장 기본은 배꼽에 힘이 들어가야 하는 자세이다. 이 자세를 유지하면 자연 허리에 힘이 생기고 허리의 힘으로 앉아 있고 허리의 힘으로 걷게 되는데, 이러한 자세를 유지하는 것이 척추를 올바르게 갖고 가는 것이다.

걷는 것, 앉는 것만큼 중요한 것이 식사하는 모습이다. 나이가 들면 젓가락으로 이를 쑤시거나, 쩝쩝 소리를 내고 음식을 먹거나, 식탁에 기대어 식사를 하거나, 음식을 먹으면서 말을 하는 등 흐트러진 모습을 보이기 쉽다. 나이 들수록 더 품위 있는 식사 모습을 지니게 되었다면, 이는 20대로 진화 중이라는 증거이다.

우리는 밤과 낮, 사계절과 같이 외부의 여러 리듬에 지배되고 있으며, 우리 몸속에는 생체 시계라는 시스템이 이러한 리듬을 조절하도록 되어 있다. 일상생활에서 규칙적인 수면과 식사 시간을 지키는 것이 균형 있는 삶이며, 이러한 삶이 지속되어야 늙지 않는다.

그런데 이렇게 겉모습이 다듬어졌다고 하여 20대로의 진화가 완료된 것은 아니다. 긍정적인 마음으로 부정적인 생각을 떨쳐 내고 스스로 "나는 20대로 진화 중이야."라고 속삭인다면 진정한 20대를 만날 수 있다.

먼저 지금 이 상황이 위급 상황이 아님을 자신의 마음에게 알려 주어야 한다. 위기는 기회의 다른 이름이다. 기회는 꿈을 실현시켜 주는 시간들로 구성되어 있다. 그러기에 '은퇴는 위급 상황이 아니라 내 꿈을 펼칠 기회'라고 마음속에 새겨야 한다. 한편으로는 화가 나고, 두렵고, 걱정스럽더라도 이러한 부정적인 감정을 떨쳐 낸다면, 그 자리에는 곧 평화로운 감정들이 밀려들기 마련이다.

비록 100세가 되었다고 해도 20대의 마음을 갖는다면 그것이 진정한 20대이다. 지금 우리가 온통 호기심으로 세상을 도배하고, 머뭇거림 없이 도전하며, 익숙함을 떨쳐 내고 스스로를 되돌아본다면 이것이 바로 20대의 모습이다.

60대에 이러한 마음을 가질 수 있다면 20대나 다름없다. 이러한 마음가짐은 '관객이 단 한 사람뿐이라도 80대에 연극을 계속하겠다'는 박정자 배우의 신념과 같은 것이다.

나쁜 일도
좋은 일로 수용하기

옛날 중국 변방인 외몽골과 중국의 국경 사이에 '새옹(塞翁)'이라는 점 잘 보는 점술가가 살고 있었다. 어느 날, 그 집에서 애지중지 기르던 말이 돌연히 고삐가 풀려 오랑캐 지역으로 도망 가 버렸다. 친지들이 찾아와 새옹을 위로하자 그는 태연히 이렇게 말하였다. "이 일이 오히려 복이 될 수도 있지 않겠소?"

몇 개월이 지난 후, 집 나간 말이 적토마를 대동하고 돌아왔다. 이번에는 이웃들이 찾아와서 축하해 주었다. "횡재를 만났으니 얼마나 기쁘오?" 그러나 그는 고개를 저으며 말하였다. "횡재가 재앙이 될 수도 있으니 기뻐할 게 아니라오."

그 뒤 새옹의 아들이 말을 타다가 말에서 떨어져 다리가 부러졌다. 친지들이 찾아와 또 다시 위로하자, 새옹은 이렇게 반문하였다. "슬퍼

사십과 오십 사이

할 일만은 아니라오. 오히려 좋은 일이 생길 수도 있지 않겠소?"

그 후 1년이 지나 전쟁이 발발하여 청년들은 모두 전쟁터에 끌려 갔는데, 그 집 부자(父子)는 아들은 장애인이고 아버지는 고령이라서 전쟁에 나가지 않고 무사히 오래도록 잘살았다고 한다.

이 이야기는 '새옹지마(塞翁之馬)'라는 사자성어에 얽힌 것이다. '소백산'이라는 블로거의 글(http://blog.daum.net/ganapalos/3332)에서 발췌한 다음 이야기는 새옹지마의 극치를 보여 준다.

"당나귀가 빈 우물에 빠졌습니다. 농부는 슬프게 울부짖는 당나귀를 구할 도리가 없었습니다. 마침 당나귀도 늙었고 쓸모없는 우물도 파묻으려 했던 터라, 농부는 당나귀를 단념하고 동네 사람들에게 도움을 청하기로 했습니다. 동네 사람들은 우물을 파묻기 위해 제각기 삽을 가져와서는 흙을 파서 우물을 메워 갔습니다. 당나귀는 더욱더 울부짖었습니다.

그러나 조금 지나자 웬일인지 당나귀가 잠잠해졌습니다. 동네 사람들이 궁금해서 우물 속을 들여다보니, 놀라운 광경이 벌어지고 있었습니다. 당나귀는 위에서 떨어지는 흙더미를 털고 털어 바닥에 떨어뜨렸습니다. 그래서 발밑에 흙이 쌓이게 되고, 당나귀는 그 흙더미를 타고 점점 높이 올라오고 있었습니다. 그렇게 해서 당나귀는 자기를 묻으려는 흙을 이용해 무사히 그 우물을 빠져나올 수 있었습니다.

정말 그렇습니다. 사람들이 자신을 매장하기 위해 던진 비방과 모함과 굴욕의 흙이 오히려 자신을 살립니다. 남이 흙을 던질 때 그것을 털어 버려 자신이 더 성장하고 높아질 수 있는 영혼의 발판으로 만듭니다."

새옹지마의 예는 무수히 많다. 조선사에는 역사적 인물들이 무고한
송사, 무차별한 고문, 억울한 죽음 등의 경계선에서 삶을 영위한 것을
보게 된다. 붕당 정치로 정권 교체가 일사불란하게 이루어졌으며, 죽
임을 당하거나 10년 이상 유배를 가게 되는데, 이 기간 동안 고매한 인
격을 갖춘 선비들은 정신을 수양하고 학문에 정진하였다.

완당 김정희(1786~1856)는 1840년, 55세에 병조참판을 지냈으나
역모 죄로 몰려 제주도로 9년여의 유배 길을 떠났다. 김정희는 제주
유배 시절 오로지 책을 읽고, 글씨를 쓰며, 그림을 그리며 학문에만 열
중하여 해서·행서·예서가 어우러진 추사체를 완성시켰다.

다산 정약용(1762~1836)은 그를 아끼던 정조대왕이 세상을 떠나
자마자 1801년(순조 1년) 신유교난(辛酉敎難) 때 장기에 유배되었고, 황
사영 백서 사건에 연루되어 강진으로 유배지를 옮겼다. 그곳 다산 기슭
에 있는 윤박의 산정을 중심으로 유배에서 풀려날 때까지 18년간 학문에
몰두하여, 정치 기구의 개혁과 지방 행정의 쇄신, 농민의 토지 균점과 노
동력에 의거한 수확의 공평한 분배, 노비제 폐지 등을 주장하였다.

고산 윤선도(1587~1671)는 평생 세 차례, 14년을 유배로 보냈고
보길도에서는 12년 동안 은거하였다. 윤선도는 정철(1536~1593), 박
인로(1561~1642)와 더불어 '조선 3대 시가인(詩歌人)'의 한 사람으로
서, 성품이 강직하고 시비를 가림에 타협이 없어 자주 유배를 갔다. 그

당시 남긴 시조 75수는 우리 시조의 최고봉이라 일컬어진다.

이러한 예들을 볼 때, 인생에서는 좋은 일도 나쁜 일도 일어날 수 있으므로 길게 내다보면 어느 한편으로 분류할 수 없다는 가르침을 얻을 수 있다. 나쁜 일이 일어날 때 어떤 좋은 일이 있을지 생각하고, 좋은 일이 일어나면 어떤 나쁜 일이 뒤따라올지 대비한다면 마음의 평정을 가질 수 있다는 뜻이다.

구조 조정 대상이 되어 실업자가 되었다고 치자. 실업은 다소 불리한 상황이지만, 다른 사람보다 먼저 실업을 경험하고 거기에서 벗어날 힘을 기를 수 있다는 것은 유리한 점이다. 그러므로 길게 내다보면, 후일 구사보나 성세석 안성을 되찾을 시기를 앞당길 수 있다.

현재 전전긍긍한 삶이 이어진다면, 세상이 원망스럽고 자신이 짊어진 짐들이 버거워 이 세상에서 사라지고 싶을 수도 있다. 누가 앞장서서 구제해 주지 않으면 해결할 수 없다고 절망할 수도 있다. 그러나 높고 두꺼운 장벽을 만져 보고 통곡한다고 시원하겠는가? 아니면 그 자리에 주저앉아 있어야만 하는가? 이러한 상황이 맨 밑바닥이기에 더 이상 바닥이 없으며 이것이 바닥이라면 이제는 올라가는 것밖에 없다고 생각하면 두려움이 없어져서 앞으로 나아갈 수 있다. 먼 훗날 그때가 있기에 오늘의 '나'가 있음을 알게 될 것이다.

혼자 노는
연습 하기

우리는 '한류(韓流)'라는 이야기를 자주 듣는다. 한류는 한중 문화 교류의 준말로, 원래는 중국과 동남아의 화교권에서 일고 있는 한국 대중문화의 열기를 뜻한다. 1996년 드라마를 시작으로 중국에 수출되기 시작한 한국 대중문화가 1998년부터 가요 쪽으로 확대되면서 중국 언론이 만든 신조어이다.

한류는 휴대 전화, 자동차 등 공산품은 물론 음악, 영화, 텔레비전 프로그램 등 각종 문화적인 요소가 창출하는 한국의 이미지 전체와 관련이 있다. 이러한 현상이 점차 확대되어 중국, 홍콩, 대만, 일본, 베트남 등 동아시아 국가의 청소년들을 중심으로 한국의 음악, 드라마, 패션, 게임, 음식, 헤어스타일 등 대중문화와 인기 연예인을 동경하고 추종하며 배우려는 문화 현상으로 확대되고 있다.

그중 드라마의 역할은 대단하다. 일본에 불었던 원조 한류인 '욘사마' 열풍은 이를 대변해 준다. 한국인들은 드라마에 대한 관심이 대단히 높다. 가령, 주인공을 어떻게 설정해 달라는 등 스토리 전개에 적극적으로 참여하여 작가와 함께 스토리를 만들어 가는 현상은 이미 오래전부터 있어 왔다.

이러한 국민적 관심은 우리가 타인의 삶에 대하여 깊은 애정을 갖는 정서에 기인한다. 인터넷에는 다양한 삶을 사는 사람들을 소개하는 글이 대부분이다. 대통령, 정치가, 연예인, 운동선수 등은 국민의 지대한 관심 때문에 늘 이야깃거리의 중심에 있다. 우리는 이들에 관한 이야기를 풍자적 에피소드로 만들어 내고 이를 담소하며 즐긴다. 자신의 삶을 사는 한편, 다른 삶에도 관심을 갖고 그 이야기에 울고 웃으면서 그러한 애정을 갖게 된 것이다. 남의 이야기에 감정 이입을 하여 울고 웃고 고민하고 갈등하는 것을 즐기는 민족성이 드라마 산업 융성에 이바지한 셈이다.

예부터 우리 민족은 이야기를 즐겼다. 300년 전, 청계천 다리 밑에 일주일마다 제시간에 나와서 이야기책을 읽어 주던 '전기수(傳奇叟)'라는 직업적 이야기꾼이 있었다. 우리나라에 유독 찜질방이 발달한 것도 옹기종기 모여앉아 부담 없이 이야기를 나누는 찜질방 문화가 우리 민족의 이러한 정서를 반영하기 때문이다.

이와 같이 정을 주고받는 문화는 우리 가정이나 사회에 깊숙이 자리 잡고 있다. 그렇기에 저녁시간이나 밤 시간에 식당이나 주점에서 삼삼

오오 모여 호기스러운 담화를 즐기는 모습은 너무나 익숙한 풍경이다.

마침 코로나19 바이러스 사태는 우리의 생활 형태에 심오한 타격을 주었다. 호기스러운 담화를 자제하도록 정부에서 여러 차례 부탁하는 것은, 인간과 인간의 만남을 '비대면(untact)'이라는 패러다임으로 바꾸라고 종용하는 것이다. 여기에 적응하다 보니, 우리는 다른 사람과 부대끼며 정을 주고받는 이제까지의 방식과는 정반대의 방식이 존재하고, 그 방법이 그리 어색하지 않으며, 대면을 통한 만남과 같은 효과도 어느 정도 있다는 생각을 굳혀 가는 중이다. 비대면이 일상이 되면서 어차피 혼자 견디어야 한다면, 외로움과 친해져야 하고 결국 이를 즐겨야 한다.

사람은 원래 고독한 존재이다. 나이가 들수록 주변의 친구들을 잃게 되고 혼자 있는 시간들이 늘어나게 된다. 부모는 자신을 떠날 준비를 하고 있고, 자신을 알고 있는 사람들은 하나 둘씩 멀어지게 된다. 대부분의 시간을 함께하던 배우자 역시 늘 그 자리에 머물러 있지는 않다.

그러니까 나이가 들수록 독립할 수 있는 능력을 길러야 한다. 밥을 짓거나 세탁을 하거나 집안을 청소하는 그러한 자잘한 일들이 독립할 수 있는 기본 능력에 해당된다. 혼자서 즐거운 시간을 보낼 수 있는 취미를 갖추면 이 세상에 혼자인 '나'가 스스로 사는 방법을 깨우친 셈이다. 혼자 노는 능력, 이른바 '고독 관리 능력'은 고령화 사회에서 살아가는 데 필수적인 조건이다.

사소한 것들에 힘쓰지 말기

2007년 〈한국 직업 발달사〉 집필을 마무리할 때 즈음, 교육방송(EBS)에서 두 달간 이를 취재하였다. 마지막에 프로듀서(PD)가 2박 3일 동안 역사적 장소에서의 촬영을 제의했는데, 제일 먼저 간 곳은 1,300년 전 삼국을 통일한 신라의 문무대왕(626~681)이 잠들어 있는 수중릉이다.

문무대왕은 평생에 제패하지 못한 일본 때문에 용이 되어 이 나라를 지키겠다며 감포 앞바다에 묻혔다. 감포 앞바다에서 1킬로미터 떨어진 곳에는 감은사 터가 있다. 문무대왕의 혼이 머물도록 감은사의 금당과 그 아래 용당을 연결하는 수로, 그리고 수중릉과 연결되는 지점에 큰 용지(龍池)를 만들었다고 전해진다.

문무대왕 수중릉 앞에서 나는 '우리 민족이 신라 천 년, 고구려 칠백 년, 백제 육백 년, 조선 오백 년과 같이 500년 이상 된 나라가 무려 네 나라나 있는 유구한 역사를 자랑하지만, 현재는 단기 5년, 장기 10년의 대단히 짧은 시각을 갖고 있다'고 고백하였다. 이에 비해 중국은 단기 50년, 장기 100년의 시각으로 세상을 보고 있다.

1,300년 전에 문무대왕이 일본을 경계하라는 유언을 남겼으나, 지금도 일본과 해결해야 할 무거운 문제들을 갖고 있다. 신라의 세 보물 중 하나인 '황룡사 9층 목탑'은 신라의 9개 적을 표현하는데, 가장 밑에 있는 층은 일본을 가리킨다. 일제 강점기에 일본은 이러한 의미를 아는지라, 경주에 있는 나라를 지키고자 동해를 바라보고 있는 해태상의 다리를 자르고, 문무대왕의 비석을 이고 있는 거북이 석상의 목을 잘라 놓았다.

문무대왕의 가르침은 1,300년이 흐른 오늘날, 후손인 우리에게 '천년을 넘나드는 우리 민족의 역사에 걸맞은 폭넓고 긴 시각을 지녀야 한다'는 메시지로 다가온다. 이 점이 가장 중요한 관건이기에 문무대왕 수중릉을 가장 먼저 방문한 것이다.

의사결정은 먼 미래를 내다보고 내려야 한다. 예를 들면, 4대강 사업의 경우 5년이라는 단기 시각으로 보자면 반드시 시행해야 하였다. 그러나 10년의 장기 시각으로 보면 시작하지 말았어야 하는 사업이다. 하물며 백 년의 시각으로 보자면, 그리고 우리 후손들의 삶까지 생각한다면 신중에 신중을 기하여 결정해야 할 일이다. 우리 민족은 미래를 내다보고 의사결정을 내리는 의연함 역시 지니고 있었으나, 경제 개발의 과정을 거치면서 조급증을 갖게 되었다.

조급증은 우리를 더욱 함정에 빠지게 한다. 빠르게 생각하고 빠르게 결정하여 결과를 가져오고자 하는 이러한 습관은 우리를 더욱 함정에 매몰시킨다. 조급증은 단기 목표 달성에 급급하게 만들어 결국 사소함에 치중하게 된다.

경기도 성남시의 분당에 있는 어느 주유소는 항상 어느 때나 서너 대의 자동차가 주유를 하고 있다. 호기심이 발동하여 들렀는데, 들어가자마자 얼마를 주유하겠느냐고 묻지도 않고 3,000원짜리 티켓을 주면서 주유소 안에 있는 브랜드 커피숍에서 마음대로 음료를 즐기라고 하였다. 맛있는 커피를 한잔하고 나니 주유가 끝났다. 그럼에도 통장을 발행해 주면서 종업원은 자동 세차를 할 수 있다고 하였다.

자동 세차 장소로 가보니 한 손에 걸레, 다른 손에는 소형 청소기를 든 여성 두 명이 각각 앞좌석과 뒷좌석을 동시에 청소하여 세차 시간이 고작 3분도 걸리지 않았다. 자동 세차 후 그 여성들이 똑같은 방법으로 자동차의 물기를 닦아 주었다.

이 주유소는 주유하는 5~7분여 동안 멍한 상태로 있는 고객에게 맛있는 음료를 대접하여 감동시키고, 차 안을 청소해 주지 않는 자동 세차의 단점을 보완하였다. 그래서 다시 주유소로 들어가 이곳의 하루 평균 주유 판매량을 물어보니, 자그마치 1억 원이라 하였다.

그로부터 여러 달 지난 후에 한남대교를 지나가는데, 분당의 주유소와 똑같은 브랜드 커피집을 운영하는 주유소가 눈에 띄었다. 하지만 주유하는 차가 없기에 의아해하며 들러 보았다. 그랬더니 3,000원 상당의 티켓을 주는 것은 그전 주유소와 같았으나, 1,000원을 내야 커피를 마실 수 있다고 하였다. '1,000원을 벌 욕심에 1억을 놓치는구나.'라는 생각이 들었다. 이것은 15년 전의 이야기이다.

명동에 갈 때면 들르는 함흥냉면집이 있다. 그 집에 들어서면, 양복을 입은 매니저가 정중하게 인사하고 자리를 안내한다. 자리에 앉자마자 한 직원이 다가와서 컵에 육수를 가득 채우고 간다. 그 다음은 냉면 주문을 받는 직원이 나타나서 '비냉' 아니면 '물냉'의 두 단어로 주문을 받는다.

주문을 하고 나서 얼마 지나지 않아 껌, 이쑤시개, 티슈 등을 묶음으로 포장한 것과 냉면이 함께 나온다. 그런 다음 종업원은 면을 자를 것인가 말 것인가 묻는다. 냉면을 먹는 동안 컵에는 연신 육수가 채워졌다. 그 냉면집에서 고객이 하는 말은 냉면 주문, 면을 자를 것인지 말 것인지에 대한 답, 이 두 마디뿐이다. 계산을 마치고 밖으로 나와 보니 20분도 안 걸렸다.

다른 음식점은 한 종업원이 여러 테이블을 담당하면서 고객의 다양한 주문에 따라 바삐 움직여도 40분 이상 식사 시간이 걸린다. 이에 비해 이 냉면집은 고객의 요구 사항을 분석하고 만반의 준비를 하여 서비스를 제공하는 덕분에 한 테이블을 한 시간에 세 번 회전할 수 있어, 명동에서 수십 년 동안 영업을 계속해 오고 있다.

이처럼 한정된 에너지를 중요하게 사용하려면, 사소한 것들은 과감히 포기하는 의사결정이 중요하다. 일이 잘 안 풀리는 이유 중 상당수는 쓸데없는 일에 필요 이상의 자원을 투여하기 때문이다. 의사결정시에 '선택과 포기' 그리고 집중의 원리를 원칙으로 삼는 것이야말로 에너지가 고갈되지 않고 충만하게 지속시킬 수 있는 방법이다.

chapter 2

—

나이 들수록 중요한 건 사람

인간관계

말하기보다
적극적으로 들어 주기

강의를 끝내고 저녁 약속 장소에 나서려는데, 상대방에게서 이러저러한 이유 때문에 만날 수 없다는 메시지를 받았다. 그 순간, 불쾌감이 드는 것은 나만이 아닐 것이다. 비록 저녁 약속을 아침에 안 된다고 하였더라도 이는 이제까지 스케줄을 조절하여 여기까지 온 모든 노력을 허사로 돌려놓을 뿐만 아니라 억지로 잡은 약속을 그리 하였다면 더욱 화가 치미는 것이 인지상정이다.

요사이는 껄끄럽고, 조금 어색한 것에 대하여 서로 메시지로 주고받아 해결한다. 서로 대화를 통해 해결하더라도 해결되지 않은 그런 문제를 메시지로 서로 주고받는다는 것은 그 다음의 관계를 이을 생각이 없다는 간접적인 암시이다. 메시지는 어떤 면에서 통보나 다름없기 때문이다. 어떤 때는 편리하게 사용되기도 하지만, 마음에 앙금을 남기

사십과 오십 사이

는 것이 사실이다.

메시지는 간편한 알림에 가장 알맞다. 저장되어 있기 때문에 언제 어느 때라도 시간이 날 때 꺼내 볼 수 있다는 점에서 탁월한 기능이다. 우리가 알림 정보에 적응해 나가면 점점 대화는 줄어들고 기능적인 면만 남아, 이해하고 설득하는 과정들이 감소될 것이다.

우리는 좀 더 장황한 설명이 필요하면 메일을 주고받는다. 메일이 메시지보다 대화를 통한 서로의 이해를 구하는 도구로서는 더 나은 면이 많다. 적어도 장황한 설명을 통하여 자기의 견해를 밝힐 수 있기 때문이다.

그러나 자신의 의견을 피력하면서 상대방의 상태를 확인하기 어렵거나 서로 소통하는 단어의 차이로 인하여, 어떤 때는 메일 역시 무용지물이다. 말을 그렇게 하고 있으나 심리적으로는 다양한 감정을 보일 경우, 메일로 그 사람의 마음속을 속속들이 들여다보기에는 다소 답답한 감이 있다.

이해(理解)는 '사물의 본질과 내용 따위를 분별하거나 해석하는 측면, 남의 사정이나 형편 따위를 잘 헤아려 너그럽게 받아들이는 것, 말이나 글의 뜻 따위를 알아들음' 등을 두루 일컫는 단어이다. 그래서 납득(納得)이나 양해(諒解)와 유사한 의미로 사용된다.

이해는 인간이 소통하고자 하는 데 가장 기본적인 자세이다. 인간과의 소통은 결국 대화 과정에서 일어난다. 그렇기 때문에 첨예한 사안에 대하여는 유선상으로 해결하는 것이 아니라 서로 만나 대화로 이어

가는 것이 통례이다. 우리는 대화할 때 상대방의 말에 얼마나 귀를 기울이는가?

'빨리 빨리'를 외치며 조급해하는 속성이 있기에 한국인들은 긴 이야기를 끝까지 듣지 못하는 경향이 있다. 이와 반대 유형의 사람들은 서론과 본론과 결론을 차례대로 이어 완벽하게 설득할 요량으로 이야기를 길게 늘어놓는 것이다. 그런데 이를 참지 못하고 말을 자르면, 또다시 동일한 시간을 허비하면서 자치지종을 들어야 한다.

언젠가 간송미술관을 간 적이 있다. 기다랗게 늘어선 사람들이 길 따라 굽이굽이 돌아가는 것을 보고 지레 질려, '다음에 오지.' 하고 발길을 돌렸다. 반드시 보아야 할 그림이 있어서 또다시 들렀더니, 그전보다 훨씬 더 길게 늘어선 사람들을 보았다. 그전에 줄을 서서 기다렸다면 짧은 시간에 해결했을 문제인데, 그렇지 못했기에 결국 시간을 손해 본 것이다.

이해와 설득은 인간이 갖고 있는 묘미 중에 묘미이며, 인간만이 가능한 매우 세련되고 멋이 있는 과정이다. 이러한 과정은 인간과 인간 사이에 보이지 않는 끈이 있어, 서로 밀고 당기는 사이에 점점 더 가까워지는 소통의 생명줄이다.

지금은 소통의 양은 많아졌으나 소통의 깊이는 낮아졌다. 대부분의 사람이 자기 말만 많이 하려고 할 뿐, 진정으로 남의 말에 귀 기울이는 사람이 드문데, 이는 세상이 너무 빠르게 변화하는 데서 비롯된 것일 수 있다. 이는 인간과 인간의 만남에 표면적 관계만이 횡행하는 것과 같다. 그래서 우리는 외로운 것이 아닐까?

많은 사람이 자기 이야기를 경청(傾聽)해 주어 감동받았다는 이야기를 자주 듣는다. 외로울 때 그 외로움을 나눌 수 있는 기회는 결국 감동으로 이어진다. 라디오 프로그램인 〈손에 잡히는 경제〉의 진행자였던 엄길청 교수의 이야기는 대화와 경청의 가치를 대변해 준다.

어느 날, 한 기업인이 서류를 잔뜩 가지고 엄 교수의 사무실을 찾아왔다. 그는 사업에 대한 전반적인 상황과 그에 따른 고충을 늘어놓았는데, 엄 교수는 잠자코 들어 주기만 하였다. 한 시간 정도 이야기를 하더니, 그는 매우 유익한 시간이었다고 감사를 표시하였다 경제 전문가 앞에서 자신의 상황을 이야기하다 보니, 스스로 깨달은 바가 있었기에 고마움을 느꼈을 것이리라.

이처럼 우리는 자신의 생각을 다른 사람에게 표현하고, 다른 사람의 생각도 들어 줌으로써 문제 해결의 가능성을 높일 수 있고, 사람과 사람을 잇는 생명 줄을 더욱 튼튼히 할 수 있다. 그러므로 경청의 가치를 다시 생각해 보자.

기대하지 말고
먼저 베풀기

2020년 3월, 모두들 가파르게 증가하는 코로나19 바이러스 확진자의 수치에 몰두하고 있을 때, 의외의 뉴스를 접할 수 있었다. 부산의 한 파출소 앞에 20대로 추정되는 남성이 경찰을 향한 응원이 담긴 손 편지와 마스크 11장, 사탕 등이 담긴 봉투를 두고 사라졌다. 손 편지는 자신이 지체 3급 장애인이라 밝히고, 부자들만 하는 게 기부라고 생각했는데 뉴스를 보니 도움이 되고 싶어서 용기를 냈다고 하였다. 특히 내용물이 보잘것없어서 죄송하다는 내용이었다.

이후 이 용기는 기부를 받아야 하는 사람들이 도리어 기부에 참여하는 현상으로 이어져, 이 사회에 커다란 파문을 일으켰다. 누구도 상상하지 못했던 이 미담은 그동안 가진 자로서 누렸던 행동이나 마음을 겸연쩍게 하였다.

40대 이후부터는 연령이 높아지면서 어느 조직에서나 크고 작든 관리자의 역할을 한다. 관리는 사람을 통솔하고 지휘 감독하는 것으로, 관리자는 종업원을 관찰하고, 통솔하며, 평가하는 일이 많다 보니 자연스레 관리자 모드로 세상을 본다.

수직적 조직은 상위 직급으로 올라가는 사다리를 만들어 놓고, 누구든지 올라갈 수 있는 것 같지만 실제로는 제한된 사람만이 올라갈 수 있는 시스템을 운영하여 진급하지 못한 사람들을 안타깝게 한다. 그렇기에 입사하면서부터 직장인의 모든 생각과 행동은 진급과 연결되어 있다. 이러한 과정을 10년 이상 겪다 보니, 40대 이후에는 관리자적인 풍모, 식견, 능력을 갖추게 되는 것이다.

관리자 모드에 익숙해지면, 업무를 스스로 수행하기보다는 밑에 있(다고 생각되)는 사람에게 시키고 그 결과로 평가하는 관계를 지속하게 된다. 이러한 모습이 습관화되면 '현역'이 아니라 '원로'로 가는 길목에 들어서는 것이다. 해외 비정부 기구(NGO) 협의회 회장으로 계신 분의 이야기는 이러한 결과가 어떤 상황으로 가는지를 잘 보여 준다.

해외 NGO에서는 다양한 분야의 업무들을 처리할 인력이 필요하므로, 그분은 퇴직한 '능력 있는' 친구들을 소개해 주었으나 한 달이 되지 않아 모두 그만두었다. 해외 NGO에서는 각자 자신의 일을 서류 생산에서부터 관리까지 도맡아 해야 하는데, 친구들은 업무 관리 능력만 뛰어나서 하다못해 팩스 발송 같은 기본적인 일조차도 처리하지 못한 것이 그 원인이었다. 즉, 친구들은 '원로'였던 것이다.

이에 그분은 회장 사무실 한쪽에 공간을 만들어, 6개월 동안 서류 작성의 기초부터 훈련을 시켰다. 그리하여 그분들이 기관에 안착할 수 있도록 적응력을 길러 주어 취업이 가능하게 하였다.

40대 이후부터 갖추어진 관리자 모드는 50대를 지나면서 극히 소수만 유지된다. 나이가 들수록 스스로 남들이 인정하고 우대해 주는 그런 풍토를 원하게 되지만, 점점 조직의 중대 결정에서 소외되고, 하는 일은 매우 제한적이기에 서운한 감을 자꾸 갖게 된다.

언젠가 잘나갔던 사람의 근황을 후배에게 물어본 적이 있다. 그랬더니 후배는 '그 사람은 베풀 줄은 모르고 늘 대접받기만을 원해서 그다지 만나고 싶지 않다.'고 하였다. 그 사람은 잘나갔던 시절에 자신을 고착시켜 놓은 셈이다.

이와 같은 관리자 모드는 자랑을 주로 하거나, 교만하거나, 거만하거나, 오만으로 흐를 수 있다. 관리자로서 자신이 다른 사람보다 위에 있다고 가정하는 것은 이러한 마음과 행동의 발원지가 된다.

이와 반대의 자세가 겸손이다. 겸손은 남을 존중하고 나를 낮추는 태도이다. 테레사 수녀(Teresa, 1910~1997)가 사망 당시, 그녀와 한국 수녀의 인터뷰를 텔레비전에서 보았다. 나는 그때 인간이 어떻게 성녀라고 불리는지 의아하였다. 그러나 인터뷰를 보고 나서, 그녀가 성녀라고 불리는 이유를 수긍할 수 있었다.

유명인이 방송에 나와서 이야기하는 앞과 뒤를 맞추어 보면, 이율배

반적인 면을 많이 발견할 수 있는데, 테레사 수녀는 1시간 인터뷰 동안 앞과 뒤의 논조가 한결같았다. 그중에서 감명이 깊었던 대목은 이렇다.

테레사 수녀는 하느님을 만나고 싶은데, 하느님이 병든 자, 가난한 자, 눌린 자 그 속에 있다고 하셔서 80세가 되도록 평생 동안 문둥병 환자를 만나고 있으나, 하느님은 '나는 아직도 목마르다'고 하셨다고 하였다. 그녀는 문둥병 환자가 하느님을 만나게 해 주기 때문에 일생에서 자기에게 가장 귀중한 사람이라 하였다. 이 대목에서, 교수로서 학생들을 인생에 가장 귀중한 사람으로 대했는지에 대한 반성이 앞선다.

테레사 수녀는 우리가 실천할 수 있는 겸손의 방법들을 제시하였다. 그중 몇 가지를 소개하면 다음과 같다.

"자신에 대해 가능한 한 적게 이야기하고, 다른 사람들의 일에 간섭하지 않으며, 모순과 교정을 기꺼이 받아들이고, 다른 사람의 실수들을 너그럽게 보아 넘기며, 모욕과 상처들을 받아들이고, 무시당하고 잊히고 미움을 당하는 것을 받아들이며, 사람의 품위를 짓밟지 말고, 자신이 옳을지라도 토론할 때 양보해야 합니다."

이러한 행동 강령을 몸소 실천하며 평생을 보냈기에 테레사 수녀는 성녀라 불릴 자격이 있는 것이다.

700년 전 명나라 나관중(羅貫中, 1330?~1400)이 쓴 소설 〈삼국지연의(三國志演義)〉는 1,800여 년 전 중국의 한나라 멸망과 즈음하여 100여 년간 조조(曹操, 155~220), 유비(劉備, 161~223), 손권(孫權, 182~252)으로 축약되는 인물들이 나라를 세우는 과정을 다루고 있다. 여기서 비교되는 조조와 유비는 현대에서도 그 인물평이 이어지고 있을 정도이다.

조조는 정치가이자 군인이며 시인이고, 그림과 노래의 풍류에도 뛰어났다. 그는 계략을 꾸며서 기회를 잡는 능력 또한 뛰어났다. 신분의 고하를 막론하고 재능있는 사람이면 인재로 등용하는 구현령(求賢令)을 공포하고 실천하였다. 그리고 감정에 치우치지 않고, 당시에는 파격적인 기준인 능력으로 인재를 발탁하였다. 이러한 능력 때문에 현대에 들어와서 〈삼국지연의〉에 묘사된 조조와는 다른, 긍정적 평들이 이어지고 있다. 그러나 그는 기본적으로 사람을 잘 믿지 않았다. 이와 같은 성격으로 인하여 조조는 몇 번씩이나 전략 수행에 중대한 차질을 빚기도 하였다.

이에 반해 유비는 한결같은 주장을 펴고, 말수가 적고, 늘 남을 공손히 대하고, 감정을 겉으로 드러내지 않았다. 그는 포용력이 있으며 참을성이 있고 남의 장점을 잘 인정하며, 이렇다 할 인물에게는 스스로 자기를 낮추는 겸손을 갖고 있었다. 출발은 조조보다 늦었으나, 유비는 결국 촉나라를 세운다. 〈삼국지연의〉에 나타난 1,800년 전의 거만한 조조와 겸손의 유비로 대비되는 역사적 드라마는 '겸손'이라는 잣대가 중시되던 고대 사회에서 유비에게 후한 점수를 주게 된다.

유비의 겸손은 제갈량(諸葛亮, 181~234)이라는 인재를 얻기 위해 스스로 번거로움을 개의치 않았던 '삼고초려(三顧草廬)'의 고사에서 잘 나타난다. 유비는 결코 바쁘거나 서두르지 않았으며, 여유를 갖고 크게 생각하고 신중하게 움직였다. 그는 좋은 사람을 알아볼 줄 알고, 극진히 대접하며, 최고의 능력을 발휘하게 하였다. 이러한 겸손 덕분에 그는 전쟁에서 80%의 승리를 이끌어 낸 조조를 제치고, 50% 미만의 승률을 갖고도 나라를 세울 수 있는 웅지(雄志)를 보였다.

진정한 권위는 남들이 인정하는 것이지 자기 스스로 만드는 것이 아니다. 권위를 가질 만한 연령이 되었다고 스스로 자처하며 관리자 모드에 안주하면, 그 이후부터는 주위 사람들이 하나 둘씩 자신에게서 떨어져 나간다. 그러므로 연령에서 오는 권위와 기대를 버리고 겸손한 자세를 갖고, 남의 의견을 경청하며, 먼저 베푸는 태도를 지녀야 한다. 이는 스스로를 고양시켜 줄 뿐만 아니라, 무리에서 고립되지 않고 여러 사람과 함께하는 삶을 살게 해 주는 지름길이 된다.

만나고 싶은 사람이 되어 보기

'만나고 싶은 사람이 되어 보기'는 매우 어려운 명제이다. 영국의 사회학자 캐서린 하킴(Catherine Hakim)은 2010년에 발표한 논문을 바탕으로 한 〈매력 자본(erotic capital)〉에서, '매력 자본'은 경제 자본, 문화 자본, 사회 자본에 이어 현대 사회를 규정하는 '제4의 자산'이자 조용한 권력이라 피력한 바 있다. 하킴은 매력 자본의 여섯 가지 요소가 '아름다운 외모, 성적 매력, 사회적 요소, 활력, 사회적 표현력, 성적 특질'이라고 말한다. 그러면서 사적인 관계에서의 '보이지 않는 협상'뿐만 아니라 모든 사회적 관계망, 즉 직장, 정치, 공공 영역에서 매력 자본이 커다란 영향력을 발휘하고 있다고 주장하였다.

매력이란 사람의 마음을 끌어당기는 설명할 수 없는 묘한 힘이다. '묘하다'라는 것은 이성적으로 설명할 수 없는 무엇이다. 매력에서 한

발 더 나아가면 남의 마음을 홀리어 사로잡는 '매혹(魅惑)', 어떤 대상이 사람을 홀리어 마음을 사로잡는 '매료(魅了)', 마음이 흐려지도록 무엇에 홀리는 '미혹(迷惑)' 그리고 '현혹(眩惑)'이 있다.

하킴이 말하는 매력의 여섯 가지 요소를 보면, 성적 특질을 포함한 건강성과 다른 사람과 예의 있는 관계를 맺을 수 있는 능력으로 집약된다. 건강이라 하면 몸이나 정신에 아무 탈이 없이 튼튼한 상태를 나타내기 때문에 정신과 신체, 즉 '내면과 외면'의 건강함이다. 다른 사람과 예의를 갖춘 관계를 맺을 수 있는 능력은 도덕적 내면과 외면을 의미한다. 이는 올바른 태도와 품위의 예의를 갖춘 언어 사용 능력을 가리킨다. 이러한 사람이라면 매력의 소유자이라서 '만나면 즐거운 사람'이 된다.

어릴 적에 들었던 동화에서 나오는 이야기의 대부분은 아름다운 외모를 가진 뛰어난 매력이 있는 왕자나 공주가 주인공이다. 그렇기 때문에 아이들은 아름다운 왕자나 공주가 되고 싶어 하였다. 수많은 동화에 그려진 왕자와 공주는 매력이 설령 없다 할지라도 무궁무진한 이야기의 중심에 있었다. 그러니까 아름다운 외모를 가진 주인공이 항상 중심 인물이 되었고, 그렇지 않은 사람들은 주변 인물이 되었다.

그래서 그럴까? 현대에 와서 외모가 인생이나 성공에 제일 중요하다고 여기는 외모지상주의(lookism)가 팽배하여 성형이 유행하게 되었고, 이제는 외모 관리 산업이 팽창하고 있다.

역사적 인물 소개를 보면, 못생겼다는 것을 특별히 강조하고 '그럼에도 불구하고' 대단한 업적을 남겼다는 표현이 자주 등장한다. 고대 그리스의 철학자 소크라테스(Socrates, 기원전 470~기원전 399)의 경우, 작은 키에 뚱뚱하고 눈은 튀어나왔으며, 들창코이고 입은 컸다고 묘사된다. 〈삼국지연의〉에 보면, 유비가 봉추 선생 방통(龐統, 178~213)이 못생겨서 냉대하다가 그의 솜씨를 보고 사과하였다는 일화도 있다. 이쯤 되면, 외모 지상주의는 동서양을 막론하고 인류 공통으로 갖고 있는 감정이다.

언젠가 대학생들에게 스펙 관리와 취업 전략에 대하여 강연을 한적이 있다. 스펙 관리는 취업에 도전하기보다는 취업할 기업에 대한 정확한 정보 없이 통상적으로 준비하는 모양새이기 때문에 취업 전략이라 할 수 없다는 게 주된 내용이었다.

우리 사회에서 하는 업무를 전체적으로 살펴보면 영어를 반드시 사용해야 하는 직무가 그다지 많지 않다. 그러니 토익 900점을 목표로 1~2년을 소비하면서 시험을 준비하는 청년이 있다면 이는 효율적인 전략이 아니다. 그리고 '보기 좋다' 정도의 피부색과 차림이 가장 좋음에도 취업을 위하여 성형을 감행한다면, 이는 수술 부작용을 감수하고 대단한 모험을 하는 셈이다.

사실, 취업에서 모험이라 하면, 분명 자격이 미치지 못할 것이라고 생각되는 취업처에 자신의 브랜드를 살려 도전하는 일이 훨씬 가치가 있을 것이다. 기업에서 요구하는 스펙은 현재 통용되는 스펙이 아니라 내면과 외면의 건강함, 도덕적 내면과 외면이어야 한다. 이를 위해서는 외모가 아니라 내면에서 나오는 얼굴빛이 있어야 하고, 가슴에서 우러나오는 품행이 있어야 한다. 이는 외모를 고쳐서 얻는 것이 아니라 자연스레 배어나오는 품행에서 발견된다. 이러한 매력을 가졌다면, 면접 위원들은 가장 높은 점수를 줄 것이다.

나는 오랜 세월 동안 그림을 그리고 싶은 마음이 있었지만 쉽게 실천하지 못하였다. 마침 대학교수로 재직하면서, 집 근처가 예술의 전당이라 가벼운 마음으로 유화반에 등록하러 갔다. 그때도 시작 시간보다 늦게 갔기에, 등록처에서 이것저것 알아보다가 선생님이 누구냐고 하였더니 저쪽 소파에 앉아 있는 남자 분을 알려 주었다. 그 남자 분은 행정직과 같은 단정한 얼굴과 차림을 하고 있었다. 분명 멋들어진 차림과 풍모를 가진 화가이기를 기대하였기에 순간적으로 실망이 다가왔다. '정말 실력이 있을까?'

후회해 봤자 이미 늦었지만, 교실에 들어가 그림을 그리다 보니 대학교수임을 알게 되었다. 쉬는 시간에 어느 대학에 계시냐고 질문하였더니 뜻밖에도 같은 대학이었다. 아, 이러한 우연이 있다니! 깜짝 놀라 같은 대학에 다닌다고 하였는데, 그분은 청바지에 티셔츠를 걸친 내 모습을 아래위로 훑어보더니 "교수예요?"라며 되물었다.

이렇게 서로 반신반의했던 첫 만남은 20년을 지속하고 있으며, 미술 선생님은 내 인생에서 만나고 싶은 사람 중 한 분으로 남게 되었다. 선생님의 모습은 20년 전 그때와 같다. 일주일에 한 번 그림 수업에 가야 하는데 바쁘다는 핑계로 결석하려 하면, 선생님은 '지금 어디쯤 오느냐'고 전화를 한다. 이 전화는 3년 동안 계속되었고, 그 덕분에 그림 수업에 가는 것이 일상이 되었다. 선생님은 그림 내용이 어떻든 간에 그린 사람의 의도에 맞추어 지도를 하고, 늘 감정의 깊이를 한결같이 일관되게 전달한다. 이러한 배분은 지도를 받고 싶어 하는 학생들에게 공평하다는 느낌을 줄 뿐만 아니라, 자신이 존중받고 있다고 생각하도록 이끈다. 언제 어느 때고 같은 마음으로 대하는 미술 선생님이 있기에, 한동안 뜸한 후에 만나더라도 어색함이 없다. 그리고 선생님은 늘 많은 사람에 둘러싸여 있다. 그분 덕분에 나는 직장을 즐겁게 다닐 수 있었다.

이처럼 만나 보고 싶은 사람이 갖는 매력이란 먼 곳에 있지 않다. 그 매력의 근원지는 상대방을 이해하고자 하는 열망과 상대의 이야기를 공감하고 경청하는 자세이다. 이러한 자세는 격하지도 않고 무관심이 아니라 있는 그대로를 받아들이고자 하는 마음에서 비롯된다. 이해나 연민이나 동정 따위가 아니라 그대로 받아들이고 대하는 인간적인 매력을 갖는 것이 만나고 싶은 사람이 되는 길이다.

행복한 사람들 곁에 머물기

우리는 아테네와 함께 고대 그리스의 폴리스를 대표하는 국가를 스파르타라고 부르지만, 그 국가의 정식 명칭은 '라케다이몬'이었으며, 라케다이몬의 수도가 스파르타였다. 고대 그리스는 약 20개의 폴리스로 구성되었는데, 그중 스파르타에 수도를 둔 도리아족의 라케다이몬이 최고의 국가 교육을 발달시킨 나라이다.

스파르타 교육은 고대 스파르타에서 행해진 극히 엄격한 국가주의 교육을 이르는 말이다. 교육 목적은 애국심과 강한 체력을 갖추고 국가에 봉사하는 인간을 키우는 데 있었으며, 국가가 교육을 철저히 통제하였다. 남자 아이가 태어나면 신체검사를 해서 허약한 아이는 산속에 내다버리고, 건강한 아이만 키웠다. 따라서 오늘날에는 '스파르타식 교육'이 강압적이고 조직적인 교육의 대명사로 통한다.

스파르타 소년들은 7세쯤 부모와 떨어져 엄격한 신체적 훈련과 애국심 교육을 받았으며, 글과 음악, 레슬링, 달리기, 무기 사용법도 아울러 배웠다. 20세부터 60세까지의 남자들은 병역의 의무를 졌고, 30세까지는 결혼을 하였더라도 병영에서 공동생활을 해야 했다. 이로 인해 스파르타의 군사력은 막강해졌지만, 학문과 예술은 발달하기 어려웠다. 기원전 5세기부터 스파르타의 지배 계급은 전쟁과 외교에 전념했고, 예술과 철학은 일부러 무시했으며, 그리스에서 가장 강력한 상설 군대를 만들었다.

소수의 스파르타 남자 시민들은 집단생활과 군사 훈련에 집중했고, 여자들에게는 체육 활동이 장려되었다. 스파르타는 기원전 480년에 테르모필레에서 페르시아군을 영웅적으로 막아 냈고, 그 후에도 페르시아 전쟁을 이끌어 그리스의 승리에 크게 이바지하였다.

이처럼 강력했던 스파르타가 급격히 쇄락하여 멸망에 이른 이유는 무엇일까? 스파르타는 시민에 대한 엄격한 군사 훈련과 병영적 사회 체제를 통해, 소수의 정복자 시민과 다수의 피정복민 노예로 구성된 사회이다. 다른 도시국가에서는 지배 계급과 노예의 비율이 1대 3이었지만, 스파르타는 1대 20을 넘었다. 스파르타는 1만의 행복을 위하여 20만 피지배층의 반란을 견제하고, 극도의 숫자적 열세를 극복하기 위하여 혹독한 감시 체제를 운영하였다.

지배층은 급기야 토지 소유의 분할을 막기 위하여 출산까지 기피할 정도여서, 스파르타가 멸망할 즈음에는 극소수의 지배자만이 토지를 소유할 수 있었다. 자신만의 행복을 지키기 위하여 온전한 지배 집단으로 남기 원했던 지배층의 모순은 결국 시발점부터 불행을 자초했고, 스파르타는 빠르게 쇄락할 수밖에 없었다.

이처럼 극도의 행복은 극도의 불행과 연결되어 있다. 소수의 행복을 위하여 다수를 희생시킨 스파르타의 사례는 그 결말 또한 비참하기에, 오늘날 우리가 행복의 의미를 곱씹어 보게 한다. 그렇다면 비록 작은 행복일지라도 지속적으로 이어진다면 이는 곧 행복의 근원을 마련하는 것이 아닐까.

행복(幸福)은 'happiness, well-being, welfare, bliss'와도 유사한 의미로, '삶에서 기쁨과 만족감을 느껴 흐뭇해하다'는 뜻을 지닌 단어이다. 행복은 누구나 바라는 절대적인 가치이다. 자신이 속한 집단을 행복하게 만든다면 가장 이상적인 세계일 것이다. 가족이나 직장이나 행복하게 삶을 영위할 수 있는 사람들이 얼마나 될까?

행복은 자신이 갖고 있는 마음의 잣대에서 비롯된다. 우리는 어느 때는 이 세상 모든 것을 포용할 것 같은 넓은 마음이었다가, 어느 때는 바늘조차 들어갈 수 없는 좁다란 마음으로 극적인 전환을 거듭 경험한다. 결국 행복도, 불행도 자신이 만드는 것이다. 이러한 까닭에 어떤 상황에서도 긍정적으로 생각하면 행복이 찾아오고, 부정적으로 생각하면 불행이 따른다. 이러한 이치에서 보면 늘 행복해하는 사람과 늘 불행해하는 사람, 이렇게 두 부류가 존재한다.

어느 날, 나는 멋진 장학사 한 분을 만나는 행운을 누렸다. 아름다운 얼굴을 더욱 빛나게 하는 것은 기쁨으로 가득 찬 목소리였다. 멀리서 다가오는 담긴 모습을 보면, 행복 바이러스가 다가오는 것과 같다. 얼굴에 기쁨이 담긴 모습으로 발걸음을 빨리 오고자 재촉하여 몸이 벌써 상대방 쪽으로 기울어져 있었다. 게다가 반가움에 어린 목소리는 주위를 환하게 한다.

그녀의 인사는 상대방에 대한 배려로부터 출발한다. 그러고는 언제 어느 때나 그 상황에 맞는 시를 읊어 준다. 삭막한 세상에서 행복 바이러스가 들려주는 시는 마치 달콤한 샘물과도 같다. 시가 갖는 감정의 풍요로움에 대하여 새삼 느낄 수 있다. 이분 생각만 해도 행복이 밀려오는 것을 느낀다. 이분과 함께하면 어찌 즐거운지 시간 가는 줄도 모른다. 이분은 학생들과 같이 있을 때 행복하다고 하였고, 학생들에게 감동을 주는 교사로서 살고 있었다.

참다운 교사의 모습을 보는 것 같아, 어린 시절에 이 같은 선생님을 만났다면 나는 시인이 되었을 거라는 생각도 슬그머니 들었다. 그래서 그런지 이분 주위에는 행복하고 바른 사람들이 가득하였다. 어느새 이분에게 매료되어 '행복 요정이라서 날개만 흔들어도 행복이 날아온다'고 말한 적도 있다.

반면에 불행하지는 않아도 세상에 마음의 문을 열지 않고 늘 어두운 얼굴을 한 신사 분을 만난 적도 있다. 이분은 나이가 들지 않았지만, 나이에 맞지 않게 늘 부정적인 입장에서 말하고 생각한다. 이분이 어둡고 칙칙한 생각들을 조용히 들려주면, 즐거웠던 생각들이 순식간에 사라져 버린다. 어떤 상황에서도 이분은 부정적이고 좋지 않은 순간들을 포착하고 기억하였다가, 남들이 즐거움을 회상할 때 그 기억들을 내놓아서 결국 주위 사람들을 기분 나쁘게 한다. 그런 과정을 반복적으로 겪으니까 마치 불행을 끌고 다니는 사람 같다고 착각하게 되었다. 항상 침울한 얼굴의 이분은 심성이 착하고 여렸지만, 왠지 불행을 몰고 다니는 사람이라는 생각에 멀리하게 되었다.

행복과 불행은 다른 사람에게 전염된다. 행복한 사람들을 곁에 두면 행복해지고, 반대로 우울하고 불행한 사람 곁에 있으면 우울해진다. 그렇다면 우리는 행복한 사람으로 남에게 다가가서 행복을 선물하는 요정으로 거듭나면 어떨까?

나보다 어린 친구들과 어울리기

한글도 깨우치지 않은 어린아이들이 자동차의 브랜드를 식별해 내는 것을 보고 놀라게 된다. 그들은 자동차를 볼 때 헤드라이트의 위치와 형태로 구분한다. 그러나 성인들은 자동차의 연식, 시세, 모양, 제작사, 기능 등등을 따져서 식별하고 있다. 식별하는 기능은 동일하지만, 접근하는 방식은 대단히 다르다.

세대가 다르면, 이 세상을 다르게 보는 방법을 배운다. 우선, 전자 기기의 빠른 접근성과 이용 능력은 세대별 차이가 나므로 배우기를 주저한다면, 점점 전자 기기를 다룰 줄 모르는 세대로 진입하는 것과 같다. 이 세상의 웹이나 앱 등은 아마 젊은이들이 만들어 놓은 것이다. 이것들의 접근 구조는 젊은이들의 입장에서 구축되었기 때문에 그들의 논리에 맞게 사고하여야만 접근이 가능할 때가 많다. 이처럼 컴퓨터를 능수능란하게 다루지 못하면 생활에 불편을 느끼곤 한다. 이는 처음으로 무인 주차장에 들어갈 때, 차만 말없이 놓여 있는 아무도 없는 넓은 곳에 어떻게 진입해야 하는지, 어떻게 주차료를 내는지 암담해서 느꼈던 공포와 같다. 이러한 공포를 맛보지 않으려면, 젊은 사람들과 교류를 해야 한다.

요즘 한 조직 내에서는 다양한 세대적 특징을 볼 수 있다. 즉, 4050세대는 일에 매진하고, 30대는 주어진 시간에만 충실히 일하는 모습을 보이며, 20대는 월급만큼만 일한다. 그렇기 때문에 20대는 관리자의 분별력 있는 지시가 있어야 일을 하고, 정작 그들은 주식이나 다른 형태로 돈을 벌고 있다. 이렇게 세대별로 다른 '일 지향성'에 대하여 4050세대의 관리자들은 그들에게 적합한 차별화된 인적 관리를 하여야 어린 친구들과 소통이 가능한 '괜찮은 경쟁력'을 갖추게 된다.

외국 사람들은 우리나라 사람들이 서로 만나면 연령부터 따지는 것을 의아해한다. 그들은 연령이 그다지 생활에서 중요한 사안이 아니기 때문이다. 그러나 우리는 새로운 사람을 만나면 유독 연령에 관심이 많고 어떻게든 이를 알아낸다. 자기보다 연령이 낮으면 그때부터 마음 한켠에 아랫사람이라는 생각을 갖고 점점 하대를 하게 된다. 이럴진대 '나보다 어린 친구들과 어울리기'를 실천하려면 우리나라 사람으로서는 대단한 노력이 필요하다.

어느 모임에 가면 연장자나 권력을 지닌 사람만 이야기를 주도하고 다른 사람들은 경청하는 광경이 벌어진다. 그 연장자나 권력자는 어쩌면 이미 몇 번씩 들려준 주제인지도 모르는 이야기를 반복해서 하곤 한다. 가족 모임에서도 가부장적인 분위기에서 이러한 모임 형태가 비일비재하다. 직장에서의 행태도 이와 다르지 않다. 사실, 침묵하는 자들이 갖고 있는 생각이나 의견이 무시된 사회라면, 이는 변화하고자 하는 의지가 없는 사회이다.

변화라는 것은 기득권을 포기하는 데 있다. 여태까지 알고 있었던 기득권, 자기가 쌓아온 모든 것을 버려야 하는 순간들마다 주저하지 않고 버리는 훈련이 필요하다. 그 순간 버린다고 해서 없어지는 것이 아니나 우린 버린다는 것이 없어지는 것이라는 두려움을 갖고 있다. 꽉찬 머릿속을 비우면 새로움이 자리잡아 신선해지는데, 얼마 가지 않아 이 새로움도 없어진다. 이러한 반복된 과정들은 나이가 어릴수록 늘 일어나는 과정이었으나, 나이가 40~50세가 넘으면 이 세상 모든 것을 다 잘 알고 있다는 생각 때문에 이러한 과정을 등한시한다.

몇 년 전, '퇴직 후 30년 정부의 교육 훈련 지원 방안'이라는 연구를 진행하면서 퇴직한 장년들을 많이 만나게 되었다. 그들은 호기심과 활력이 없는 잿빛의 패배주의적 생각으로 세상을 보고 있구나 하는 생각이 들게 하였다. 그들은 우선 말을 어눌하게 했고 핵심이 없었다. 그러고는 자기가 옳다는 데 열중하여 설명하였다. 그들에게는 어떤 새로움도 없었고, 헤쳐 나가고자 하는 용기도 없었다. 그들은 마치 군상과 같은 모습을 보이면서 어느 누구 특출나게 눈에 띠는 사람이 없었다.

그들에게 '20대로 진화해야 한다'는 호소는 공허하게만 들렸다. 그들은 늘 하던 대로 취업처를 탐색하고, 취업이 안 된다는 인식을 더 많이 쌓아 놓았으며, '나이가 들어서'라는 표현을 즐겨 쓴다. 만약 젊음의 패기와 용기, 열정과 호기심이 있다면, 이들은 이러한 난관을 극복할 역량을 가질 수 있었을 것이다.

직장에서도 연하의 동료와 가까워지면, 변화의 의지를 주변에 현명하게 전달하여 개혁의 방향을 이끌어 나가는 지지자를 둔 것이나 마찬가지이다. 이 지지자들은 조직에서 이끌어 나갈 수 있는 미래 지향적 포석을 마련한 것이다.

수년 동안 창의성에 대해 연구한 뉴욕대학교 심리학 박사 커프맨(Scott Barry Kaufman)은 〈허핑턴포스트〉(Huffpost Healthy Living, 2014. 3. 25)를 통해, "창의적인 사람은 자신의 실제 모습을 알기 어렵다. 왜냐하면 창의적인 자아는 그렇지 않은 자아보다 훨씬 복잡하기 때문이다. 창의적인 사람은 수많은 아이러니를 가지고 있는 데다가 산만하다."라고 말하였다. 창의적인 사람을 자로 잰 듯 유형화할 수는 없겠지만, 그는 매우 창의적인 사람들에게서 발견할 수 있는 특징을 이렇게 소개하고 있다.

몽상에 잘 빠지고, 모든 것을 관찰하며, 자신에게 맞는 시간대에 일하며, 혼자만의 시간을 가지고, 고통을 승화한다. 새로운 것에 항상 열려 있으며,

실패를 두려워하지 않고, 호기심이 많으며, 다른 사람의 삶에 관심이 많고, 위험을 감수할 줄 알며, 인생을 자신을 표현하는 기회로 삼고, 보상을 바라지 않는 순수한 열정이 있다.

또 자신만의 생각에 갇히지 않고, 좋아하는 것에 완벽하게 몰입하며, 아름다운 것들에 둘러싸여 있으면서, 연결점을 찾으며, 지속해서 변화하고, 명상을 한다.

왜 나보다 어린 친구들에게 눈을 돌리는가? 이는 창의적인 사람이 되기 위한 좋은 장치이기 때문이다. 4050세대 중 창의성을 가진 사람들의 특징은 그들이 그렇지 않은 사람보다 고집이 적으며, 생각이 열려 있고, 받아들임에 대한 용량이 크다. 결국 나이가 들면 고집이 자라 마음의 문을 닫게 되는 것 같다.

수려한 광경이 펼쳐치는 가운데 자연에서 내는 소리를 들을 수 있다면, 이는 마음의 빗장을 다시 여는 것이다. 자연의 소리가 마음을 적셔줄 때의 그 감미로움을 음미한다면, 이는 창의적인 세계에 문을 여는 격이다. 매일 수려한 광경으로 들어가는 효과를 바란다면, 나보다 어린 친구들과 어울려야 한다.

나를 둘러싼 인간관계 망 점검하기

우리나라는 독특한 정(情)의 문화를 갖고 있다. 그래서 '인정머리가 없다', '우리가 남이가?', '정감 있네', '인심이 각박하다', '감칠맛 있는', '그놈의 정 때문에', '고운 정 미운 정' 등 숱한 표현이 존재한다. 우리는 곳곳에서 정이 묻어나야 사는 맛을 느낀다. 음식점의 인심이 야박하지 않다고 느끼면 그곳에 자꾸 가게 되고, 물건을 살 때 에누리를 해 주어야 훈훈한 것 같으며, 말속에 정을 넣어 이야기해야 느낌을 갖고, 정다운 만남이 있어야 흐뭇한 관계라 생각한다. 만약 이러한 장소와 만남이 있다면, 타인에게 소개하고 좋은 정의 문화를 공유하고자 한다.

그러면 그 반대는 어떤 것인가? 우리는 정에 대한 기대치에 어긋날 때, 배반을 느끼고 심한 분노를 갖게 된다. 자기 스스로 정을 거두고 만나기 전의 관계가 아니라 적대적 관계를 이어 간다. 그리고 타인에게서 정을 끊어 내야 했던 이유들에 대하여 장황한 설명을 한다.

처음 정을 줄 때 이러한 상황들을 예상하지 못했을까? 특히 공개적으로 이혼한 커플들이 이혼 사유에 대하여 자기주장을 펼칠 때는 더욱 극명하게 드러난다. 어쩌면 결혼 사유와 이혼 사유, 다시 말해 처음 점과 끝 점을 동일한 선상에 놓고 보면, 처음 마음은 상대방의 모든 것을 받아들이는 마음이었으나, 끝 마음은 상대방에 관해서라면 추호의 여지가 없는 마음이다.

이처럼 정은 옳고 그름의 관점에서 볼 수 없는 그 순간에서 갖는 감정이기에 변질되기 쉽다. 그러기에 많은 사람들은 운명적인 사랑과 영원한 정을 갖기를 원하고 그리워하며, 이러한 관계를 그리는 영화나 드라마에 매혹되기도 한다. 변치 않은 정! 누구나 바라는 것이나, 이러한 정을 만났다면 이 세상에서 가장 행운아인 것이다.

정은 사람과 만나서 신뢰하는 관계를 갖게 되면 생성되고, 정을 주었을 때 그만한 정을 기대하는 줄다리기가 시작된다. 그러다가 순식간에 걷잡을 수 없는 감정에 휘말려, 줄다리기보다는 상대방이 자기가 제공한 질과 양에 버금가는 정을 주기를 원하는 단계로 들어간다. 여기까지 가면 자연 끝이 있게 되는데, 그 끝은 보이지 않은 이 세상에서 가장 강력한 무기가 되어 원망, 미움, 질책, 혐오, 증오 등이 기다리고 있다. 그러기에 정은 보이지 않으나 이 세상에서 가장 무서운 무기로 돌변한다. 그렇다면 정을 어떻게 관리해야 하나?

정 관리를 위해서는 '마음의 문 14개'를 준비해야 한다. 각 방마다 문을 열게 되는데, 정을 끊어 낼 때는 정의 무게와 질에 따라 증오의 감정으로 바뀐다. 다음 표에 제시된 내용은 각 문마다 갖는 마음의 상태를 제시한 것이다.

마음의 문	고운 정	미운 정
제1문	서로 간단한 인사를 나눌 수 있는 관계	이익에 따라 연락하는 관계
제2문	만나면 반가운 감정을 갖는 관계	자리를 회피하거나 거부하는 관계
제3문	서로 가족의 깊숙한 이야기까지 할 수 있는 허물없는 관계	인지된 비밀을 다른 사람에게 공개하는 비난 관계
제4문	자주 만나 대화를 나누고 싶은 관계	상대방을 생각하면 미운 감정이 앞서 상대방을 질책하는 관계
제5문	상대방에 대하여 더 많이 탐구하고 싶은 관계	상대방의 단점을 논리적으로 생각해 내는 관계
제6문	특별한 마남을 갖고 싶은 관계	상대방이 미우면서도 연락이 뇌면 망설이는 관계
제7문	만나면 설레이면서 자기 마음이 노출될 것 같아 조바심하는 관계	보고 싶지 않고 상대방을 생각하면 분노가 이는 관계
제8문	문득 만나고 싶고 보고 싶은 충동적인 욕망을 갖는 관계	상대방과 지냈던 시간들을 생각하며 허무감을 갖는 관계
제9문	생각만 해도 가슴이 뛰고 얼굴이 달아오르고 안절부절하는 관계	잊으려고 애를 쓰며 무능한 자신을 탓하는 고통의 관계
제10문	상대방과 관련된 사람에게 질투를 느끼고, 상대방이 잘못될까 봐 염려하는 단계	상대방을 생각하면 슬프고 우울해지는 관계
제11문	보이지 않아도 그리움이 사무치는 관계	상대방을 선택한 자신을 학대하는 관계
제12문	하루 종일 머릿속에서 떠나지 않는 관계	상대방을 볼 때마다 불같은 혐오 감정이 나타나는 관계
제13문	모든 행동과 생각이 상대방 한곳으로 연결된 관계	상대방이 사라지기를 원하는 절망 관계
제14문	운명적인 관계	같은 하늘에 있고 싶지 않고 죽이고 싶을 정도의 격한 증오 관계

| 표 | 고운 정과 미운 정의 마음의 문

제1~4문은 정을 끊어 내는 과정이 여러 문으로 왔다 갔다 했더라도 마음의 상처는 생각해 보면 '있는가?' 하는 정도이다.

제5~7문까지는 더 가까이 탐색하고 상대방의 마음을 타진하는 단계로, 정을 끊어 내도 흔적만 있을 뿐 마음에 큰 동요는 없다.

제8~10문부터는 마음이 요동치고 역동성이 강하기 때문에 많은 시간 동안 상대방을 탐닉하는 단계로, 정을 끊어 내면 마음에 상처를 받게 된다. 이 상처의 크기는 자신이 투자한 시간과 마음의 동요 곡선에 따라 결정된다.

제11~13문일 때 마음 깊숙한 곳에서부터 상대방을 받아들이고, 상대방에 대한 소유욕이 강하게 나타나면서, 상대방 생각에 많은 시간을 보낸다. 만약 정을 끊어 냈다면, 마음의 상처는 지울 수 없을 만큼 강하게 남아 있고, 이때 마음을 통제하지 못하면 우울감이나 자살까지도 뒤따를 수 있다.

남녀의 정으로 보자면, 제13문까지는 누구든지 갈 수 있지만, 마지막 제14문은 특정 사람만이 갈 수 있다. 그런데 부모형제의 정은 대체로 제14문까지 간다.

천륜과 같은 운명적인 만남이 있다면, 정을 끊어 냈을 때 대단히 큰 충격 속에서 무서운 분노에 휩싸여 결국 상대방을 죽음으로 몰고 가고 싶은 충동적이고 지속적인 증오를 보인다. 그리고 정을 갑자기 끊어 내는 바람에 상대방이 잠적하거나 사망했을 경우에는 각각의 정의 비중에 따라 평생 고통으로 남거나 회한을 갖는다.

이러한 기준으로 '고운 정'의 각각의 항마다 현재의 인간관계 망을 총망라하여 적어 본다. 그 다음은 개인별 현재의 각 관계가 합당한지에 대한 검토를 하고 어떻게 조정할지를 여러 각도를 고려하여 개인별 관계를 재설정한다.

고운 정과 동일하게 미운 정 관리도 대단히 중요하다. 현재 미운 정에 들어간 내용이 개인별로 맞는지 검토하고, 만약 조정이 가능하다면 좀 더 낮은 단계의 미운 정으로 옮겨 놓는다.

그리고 다시 이 명단을 정리해 본다. 나에게 소중한 사람, 의사결정이나 미래를 개척하는 데 도움을 주는 사람 등을 정리해 보고, 그 다음은 고정관념을 가지고 있는지를 검토한다. 이러한 과정을 거치면 자신이 얼마나 고립되어 있는지, 편협한 사람들하고만 만나고 있는지도 알 수 있다.

또 그동안 소외된 관계에서 새로운 관계를 가져 볼 수 있고, 자신이 갖고 있는 인간관계 망이 얼마나 큰 자산인지를 느끼게 된다. 그런 감정이 있다면 다시 각 문마다 재배치를 해 본다. 이러한 결과를 검토할 때 날짜를 기입하여 자신이 갖는 인간관계에 대한 마음의 길을 각각 그려 본다면, 대단히 좋고 튼튼한 인간관계 망을 갖출 수 있다.

일과 휴식의
균형 지키기

|

우리 국민성의 대표적 특징 중에 하나는 '빠르기'이다. 200년 전, 정조대왕(1752~1800)의 화성 건설은 지금의 신도시 건설과 같다. 10년 동안 화성 건설을 계획하고 시작하였으나, 2년 9개월 만에 완성하였다. 2년 9개월도 6개월은 극심한 가뭄으로 중단하였기 때문에, 엄격히 따지고 보자면 2년 3개월 만에 완성한 것이다. 지금의 장비로도 그 기간에 건설할 수 없다고 하니, 화성을 건설하고자 하는 정조대왕의 목표 의식과 의지가 공사의 진행 속도를 4.4배로 빠르게 만들 만큼 강력하였다는 것을 느낄 수 있다.

스틱형 믹스 커피는 '빠르기'의 우리 국민성을 나타내는 대표적인 상품이다. 그전에는 가위로 봉지를 잘랐으나, 번거로움에서 벗어나기 위해 손으로 자르게 하였다. 스틱형 믹스 커피는 엄지손가락 넓이 정도

여서 엄지손가락으로 설탕과 프림을 조절하면, 아무리 많은 집단이라도 한꺼번에 그 입맛에 맞출 수 있다는 의지를 담고 있다.

세계는 우리를 얼리 어댑터(early adopter)로 본다. 신제품이 나오면 수일 내에 반드시 사고야 마는 우리들은 그 평가 또한 재빠르게 내린다. 그렇기 때문에 세계에서 생산한 신제품도 출시와 함께 통과의례(通過儀禮)로 우리나라를 거치곤 한다. 이러한 현실도 우리의 '빠르기' 문화를 단적으로 뒷받침해 준다.

'빠르기' 문화는 정보 기술(IT) 발전에도 기여하였다. 우리는 컴퓨터를 켜고 1초를 기다리지 못한다. 그렇기 때문에 좀 더 빠른 IT 기반 조성에 열을 올리고 있다.

우리나라 국민은 매우 진취적이다. '안 되면 되게 한다.'라는 말도 '빠르기' 문화와 연관되어 있다. 진취적 성격은 결국 부족한 부존자원에도 불구하고 경이적인 경제적 성장을 이룩할 수 있게 하였다. 반도라는 지리적 위치의 영향으로 더욱 진취성을 갖게 되었다. 이러한 국민성으로 인하여 장구한 세월을 노력하여 결과를 쟁취하기보다는 단한 번의 책략으로 성공을 갈구하는 조급성을 갖게 하였다.

서두르는 사람은 불행하게도 언제나 시간이 모자라는 법이다. 서두르는 사람은 끊임없이 자기중심적인 대화를 하며, 시간 관리 생활 방식에 사로잡혀 있다. 일이나 사회생활의 대부분은 서둘러서 결정해야할 만큼 조급한 것이 아니며, 오히려 원만한 대인관계를 통한 해결을 요구한다는 점을 이해한다면 어쩌면 더 빠르게 해결될 수 있다.

국가 경제 발전을 위하여 지대한 공헌을 한 우리는 열심히 일해야 하는 문화로 인하여 결국 일 중독에 빠져 있다. 일 중독은 여유를 잃게 하는 한편, 스트레스를 쌓아 놓게 한다.

〈삼국지연의〉에서 촉의 제갈량은 대단히 신비롭고, 초능력의 소유자이면서 청초하고 단아하기 그지없는 인물로 묘사된다. 특히 미래를 예측하는 능력은 하늘과 세상의 이치를 다 헤아리는 초유의 능력으로, 그의 사후에까지도 대비하는 찬탄을 금할 수가 없어 마치 신선이 아닌가 생각할 정도이다. 말년에 그는 주군인 유비의 부탁에 충실하고자 모든 일을 관장해야 마음이 놓이는 완벽주의자로 남게 된다.

촉의 적국인 위의 사마의(司馬懿, 179~251)는 척후병을 보내 제갈량을 관찰하게 하였다. 제갈량이 산더미 같은 일을 직접 처리하고 있다는 보고를 받은 사마의는 그가 일과 휴식의 균형을 지키지 않고, 일만 한다면 머지않아 건강을 해쳐서 사망할 것이라고 예측하였다. 결국 하늘과 세상의 이치를 다 헤아리는 초유의 능력자인 제갈량도 자신의 생명 연장에는 실패하고 만다. 제갈량이 죽고 얼마 지나지 않아 촉은 위에게 멸망한다. 뛰어난 인물인 제갈량도 현실을 뿌리치지 못해 덫에 걸려 죽은 것이다.

4050세대는 어떤 조직에서도 중추 세력이며, 의사결정을 해야 하기 때문에 일 중독에 빠질 수밖에 없다. 산더미 같은 일을 처리해야 한다는 압박감은 스트레스를 유발시키는 질병의 온상이며, 집중력과 기억력이 감소되고 어떤 일에도 여유가 없는 사람이 되기 일쑤이다. 마음은 불안, 신경과민, 분노, 좌절감, 걱정, 성급함, 우울감이 교차되어 안절부절 못하는 행동들이 그대로 나타난다.

스트레스에 대처하는 행동들은 대개 세 가지로 분류된다. 스트레스에 못 이겨 술이나 담배로 마음을 달래거나 분한 마음에 가만히 있다면, 이는 자기학대형이다.

유난히 단것이 당기거나 다른 때보다 식사량이 많아졌다면 스트레스가 쌓였다는 증거이다. 공허함을 달래기 위해 자거나, 먹거나, 수다를 떨거나, 노래방에 가서 열창을 하거나, 쇼핑을 하는 행동은 스트레스를 회피하는 것이다.

스트레스에 대처하는 가장 바람직한 형은 산책하고, 음악을 듣고, 여행하거나, 운동하고, 기도하는 방법이다. 즉, 스트레스를 풀기 위해 회피행동을 하였다면, 스트레스는 그대로 존재한다. 그러나 스트레스의 중압감을 느끼고 바람직한 형으로 행동하고 나면, 맨 처음 느꼈던 스트레스의 크기가 조금 작아져서 스트레스를 이길 수 있다는 자신감이 생기고, 마침내 스트레스를 극복할 수 있다.

유형	예시
자기학대형	가만있기, 술 마시기, 담배 피기
회피형	자기, 먹기, 수다 떨기, 노래방 가기, 영화나 텔레비전 보기, 쇼핑하기, 샤워하기
바람직한 형	산책하기, 음악 듣기, 여행하기, 운동하기, 기도하기

| 표 | 스트레스 대처 방법

스트레스 대처도 계획적이고 단계적으로 접근하여야 습관을 바람직한 형으로 전환시킬 수 있다. 하나의 행동 변화는 나비 효과를 가져와서 아주 다른 모습의 자기를 만들어 낼 수 있다. 특히 자신의 스트레스를 제어하기 위한 사소한 행동은 신체적 조건을 전반적으로 향상시킬 수 있다.

직장 생활의
권태기 이겨 내기

우리나라 국민들의 직업의식을 조사한 적이 있다. 이 조사를 통해, 30대가 다른 세대보다 가장 일 지향적으로 일을 많이 하면서 그만큼 여가도 즐기고 있다는 사실을 알 수 있었다. 이들은 주로 조직에서 과장급으로 세상의 어떤 난관에도 두려움이 없이 헤쳐 나가는 그런 모습을 보였다. 직업에 대한 태도를 보자면, 30대는 일이 많다고 겁내지 않고 앞으로 전진하고자 하는 강한 추진력을 갖고 있었다.

이러한 측면을 고려할 때, 30대는 어쩌면 인간의 생애에서 직업과 관련하여 가장 정점에 있는 시기일지 모른다. 이때는 직장을 옮기는 모험도 할 수 있고, 노동 시장에서 자신의 상품 가치를 흥정할 수 있는 패기도 있으니 말이다.

30대 후반이 되면 그중 일부는 관리자의 입장이 되어 이제까지 키워

왔던 맡은 업무를 꼼꼼하고 효율적으로 처리하는 능력과 다른 관리 역량을 요구받는다. 이때 예전에 본인이 못마땅하게 여겨왔던 상급자와는 다른 관리자가 되기 위해서는 이전에 업무 처리 능력과 함께 관리 능력 역시 키워 왔어야 하였다. 영어 능력이나 전공, 학위 등 지금까지 쌓아 온 모든 것을 함께 평가받기 때문에, 30대 후반은 단시간의 노력만으로는 잡을 수 없는 기회들도 생길 수 있고, 그 기회를 잡아 앞서가는 사람들을 부러워하며 바라볼 수 있다.

반대로 30대 후반까지 실무진으로 남아 있는 경우, 맡은 일에서는 누구보다 베테랑이다. 하지만 동년배뿐만 아니라 젊고 실력 있고 일처리를 명확히 하는 후배들을 따돌려야 한다는 위기의식이 있다.

이렇게 지내다 보면 어느덧 40대에 이르게 된다. 격변기의 30대가 지나고 나서 40대가 되면, 회사에서 자리 잡고 임원으로서의 길을 걸어가고 있는 일부를 제외하고는 이미 자신의 진급이 불가능하거나, 아니면 진급이 갈수록 어려워 전혀 예측할 수 없는 답답한 시간이 다가올 수도 있다. 답답함을 호소하는 이들은 그동안 돈과 시간 모두 부족하여 당장 앞날을 살아가는 데에 급급하다는 변명을 해 보지만, 시간은 어느새 훌쩍 지나가 버린 것이다. 그러니까 임원으로 갈 수 있는 능력은 30대에 구축해 놓았어야 한다.

그럼에도 불구하고 임원이 되고자 한다면, 업무 능력 이외의 능력을 가동해야 하고, 그렇지 않다면 관성대로 일하고 있으며, 살기 위해 일하는 것만 같은 시큰둥한 생활의 연속이 된다. 열심히 해도 이미 내 자리는 정해져 있는 것 같아 재미가 없어진다.

구글(Google)은 20여 년밖에 안 된 기업이며, 10의 100제곱을 뜻하는 수학 용어 '구골(googol)'에서 유래하였다. 구글은 플랫폼 사업으로 모바일앱 광고의 최강자이며, 인사 제도가 대단히 유명하지만, 벤치마킹하기 어려운 구조로 다른 기업에서 이 제도를 성공시키지 못하였다. 구글은 ① 새로운 전망, ② 삶의 경험, ③ 호기심, ④ 열정, ⑤ 배움에 대한 욕구, ⑥ 크게 생각하는 사람으로서의 도전을 '핵심 역량'으로 내세우고 있다. 입사자는 10개 등급으로 분류되며, 스스로 더 이상 등급을 올릴 수 없다고 판단될 때 자신이 정하는 등급으로 정년을 맞는 시스템이다. 우리나라는 이러한 시스템이 존재하지 않기 때문에, 진급되지 않으면 스스로 나가야 하는 것이다.

구글과 같은 조직 문화를 만날 수 없다면 아마도 심드렁한 생활이 지속될 것이다. 하지만 이 세상은 살아 볼 만한 경이로움으로 가득 찬 곳이다. 이 경이로움이 내 주변에서 시시각각 일어나지만, 우리의 호기심과 열정이 권태의 틀에 묶여 이를 보거나 느끼지 못할 따름이다. 그렇다면 우리는 이 권태감에서 어떻게 빠져나올 수 있을까?

먼저, 우리가 무심코 보아 온 사물이나 사건을 재조명해 보면, 거기에는 움직일 수 없는 대단한 사실들이 있음을 알 수 있다. 우리가 관심이 없던 사람들 중에서 우연찮게 한 사람에 대하여 집중 조명하여 그 삶을 보면, 존경할 만한 일들이 일어나고 있음을 알 수 있다. 세상 사람들이 왁자지껄 떠드는 사건을 처음부터 추척해 보면, 더 많은 논쟁이 있음을 느낀다. 늘 지나쳤던 미술관에 모처럼 가 보면, 그들의 색과 표현력의 세계가 낯설게 보이지만 한편으로는 이러한 세계가 있구나 생각된다. 늘 듣던 풍의 음악에서 떠나, 관심도 없었던 풍의 음악을 듣고 보면 묘한 흥미를 갖게 된다. 이러한 과정을 거듭하게 된다면, 권태감을 이겨 낼 수 있는 것이다.

영국의 총리였던 윈스턴 처칠(Winston Churchill, 1874~1965)이 30분 늦게 의회에 참석하자, 정적(政敵)들은 게으른 사람이라고 비난을 퍼부었다. 처칠은 머리를 긁적이며 "예쁜 부인을 데리고 살면 일찍 일어날 수가 없습니다. 다음부터는 회의가 있는 전날 각방을 쓰겠습니다."라고 답해 의회를 웃음바다로 만들었다. 처칠은 영국인의 유머 수준을 높여 주었고, 영국인은 그의 유머 감각을 사랑하였다. 권태감을 뿌리치려면, 이러한 유머의 세계로 여행을 떠나도 좋다.

2013년이 저무는 즈음, 김혜자 배우의 모노 드라마 〈오스카, 신에게 보내는 편지〉를 관람하게 되었다. 〈신에게 보내는 편지〉라는 에릭 엠마뉴엘 슈미트(Eric Emmanuel Schmitt)의 소설이 원작이다. 73세의 김혜자 배우는 발음이나 순서 한 번 틀리지 않고 2시간 남짓한 모노 드라마를 연기하였다. 이 드라마를 관람한 후, 많은 상념에 사로잡히게 되었다. 죽음의 문턱에 있는 오스카라는 열 살 난 아이의 삶은 '이 세상에 엄연히 존재하지만 전혀 생각조차 해 보지 못했던 세계가 있는데, 이 세계는 매우 진지하여 다만 며칠이라도 삶에 대한 찬가를 부를 수 있다'는 것을 알려 주었다. 특히 오스카가 유일하게 마음을 열고 대화를 나누었던 장미 할머니는 "사람들이 죽음을 두려워하는 건 알지 못하는 것에 대한 두려움 때문이란다. 바로 그게 문제야. 알지도 못하면서 왜 두려워하지?"라는 말로 죽음의 두려움에서 벗어날 수 있도록 용기를 주었다. 더욱이 죽어 가는 오스카를 돌보는 의사나 부모들이 오스카를 돌보는 것이 아니라 도리어 오스카가 그들을 돌봐주는 대목에서 삶이 어찌 이리 아름다운지 그만 목이 메었다.

오스카는 의사 선생님에게 이리 말한다.

"긴장을 푸세요. 마음을 느긋하게 가지시라고요. 선생님은 하느님이 아니잖아요. 자연을 지배하는 사람이 아니라고요. 그냥 탈 난 곳을 고쳐 주는 사람이죠. 조바심 내지 마세요, 뒤셀도르프 선생님. 어깨에 힘을 빼시고요. 세상 근심을 다 짊어진 사람처럼 그러지 마세요."

죽음을 12일 앞둔 오스카에게 장미 할머니는 하루를 10년이라고 생각하고 살자는 제안을 한다.

"10년이라고요?", "그래. 10년"

"그럼 12일 후면 난 백삼십 살이 되겠네요!"

오스카는 이때부터 130세를 살아가면서 한 사람의 평생을 사는 것을 경험하고, '하느님이 삶을 선물해 준 것이 아니라 잠시 빌린 것'이라는 사실을 깨닫게 되며, 그 삶이 짧지만 얼마나 소중한지 알게 된다.

여생이 12일밖에 남지 않은 열 살 소년의 이야기는 삶의 중요성과 그 삶이 지니는 무한한 가치와 의미를 재조명하게 한다.

그래도 권태감이 지속된다면 여행을 권한다. 경상북도 영주의 봉황 산에는 1,300여 년 전 통일 신라 시대에 지어진 부석사가 있다. 전체 절의 위치는 점점 올라가는 형태의 지리적 조건에다 건물을 겹겹이 설 치하였다. 천왕문을 지나서 범종루에 들어가자면, 범종루는 2층 누각 건물인데, 특이하게도 정면보다 측면이 길면서 지붕은 전면에는 박공 을 둔 팔작이고 후면은 맞배지붕이다. 전통적이고, 엄격하기 그지없는 유교의 나라 조선에서 한 지붕에 팔작지붕과 맞배지붕을 채택한 것은 파격적이다. 그 당시 목수가 소백산의 연봉에 날아갈 듯한 무겁지 않 은 지붕을 만든 것이라 하여 지붕의 허리를 길게 하였을 것이다.

누하 진입의 극치를 보여 주는 부석사에서는 어두운 마루 밑을 지나 면 탁트인 아름다운 장면을 볼 수 있다. 마치 내 눈이 플래시가 터지면 서 한 장면을 찍는 카메라인 양 느껴진다. 이렇게 본 장면들은 너무나 인상적이다. 안양루에 다다르면 누하 진입으로 들어가 눈앞에 나타난 석등과 겹쳐 나타난 무량수전의 색들을 보게 되는데, 이 건물이 왜 우 리나라에서 가장 아름다운 건물인지를 짐작케 한다. 가장 편편한 무량 수전 앞마당에 있자면, 석등과 무량수전, 그리고 부석사, 소백산맥의 연봉들이 발아래 굽이치는 모습 등과 어우러져서 마치 관현악단이 들 려주는 하모니가 연상된다.

사십과 오십 사이

그뿐만이 아니다. 의상 대사를 흠모했던 선묘 낭자의 선묘각이 부석과 정반대 위치에 있다. 반쯤 열린 문 사이로 선묘 낭자의 모습이 보이는 듯하였다.

석탑을 지나 가파른 길을 따라 올라가면, 그 길 끝에는 조사당이 있다. 조사당은 의상 대사의 초상을 모시고 있는 곳이다. 나뭇잎이 울창하지 않은 계절에 간다면, 조사당의 위치에서 부석사 건물들을 내려다보면, 신기하게도 각각의 건물들이 일직선으로 배치되어 있음을 알 수 있다.

분명 올라오면서 이쪽으로 비슷하게, 그리고 저쪽으로 비슷하게 갈 지(之) 자의 형태로 건물이 놓여 있었는데, 어떻게 일직선 배치를 보여주는지 그 신기함에 내려오면서도 다시 뒤돌아보게 된다. 이는 땅의 조화로, 마음의 조화요, 눈의 조화이거늘, 생각하다가도 왜 그리 보이는지는 아직도 의문이 든다.

이처럼 경이로운 세상이 어디에 더 있는지 관심을 증폭시키는 활동을 하면, 또 다른 세상을 만나게 되어 권태에서 벗어날 수 있다. 견디는 것, 인내하는 것은 리더십의 가장 큰 힘이다. 권태에 못 이겨 다른 직장으로 옮기려 한다면, 3~5년 정도 계획을 세운 다음에 시도해야 무난하다. 권태기를 참지 못하여 무작정 옮기면 실망하기 마련인데, 이는 새 직장 역시 나름대로 다른 기준을 갖고 있음을 알게 되기 때문이다. 귀신을 피하려다 호랑이를 만난 격이라고나 할까.

소홀하였던
가정 챙기기

|

2019년 통계청 자료에 따르면, 이혼자가 많은 연령대는 1990년대에 남성 30~39세, 여성 25~34세였다가, 2000년대 들어서는 남성 35~44세, 여성 30~39세로 높아졌다. 그러다가 2016년에 이르러서 40세 이상 남성이 전체 이혼 남성의 73.6%를 차지하였고, 그중 55세 이상이 22.6%였으며, 여성의 경우 35~49세에 가장 많이 분포하였다. 주목할 것은 55세 이상 남녀의 이혼율이 1990년부터 2016년까지 지속적으로 증가세를 보였다는 점이다. 사법 연감에서 밝힌 황혼 이혼의 주된 사유는 성격 차이(47.2%), 경제 문제(12.7%), 가족 간 불화(7.0%), 정신적·육체적 학대(4.2%) 순으로 나타났다.

여성이 황혼 이혼을 더 많이 청구한다는 결과의 중심에는 오직 일에만 매달린 4050세대 가장의 이야기가 있다. 4050세대는 가정보다 직장에 충실한 '바보'였기에 우리나라 경제 발전에 이바지하였으나, 그 후유증은 가정에서 일어나고 있다. 정작 직장을 잃고 가정에 돌아가니, 가정은 나를 반기고 그동안의 노고를 위로해 주기보다는 그동안 소홀하였던 가정의 위기가 자신의 가슴을 겨냥하는 화살로 돌아온다.

실업자가 되면 제일 먼저 부인이 차가운 눈빛을 보내고, 뒤이어 자식들의 실망스런 눈빛과 마주치게 된다. 실업 상태에 있을 때 가장 지지해 주고 용기를 주어야 할 가정이, 그동안 내가 소홀히 한 탓에 정작 필요할 때 이러한 지경에 빠지는 것이다. 사실, 실업 상태에서 자괴감에 빠져있을 때 가정에서의 위로와 지지로 정상적인 생활을 할 수 있었다고 고백하는 사람들이 많다.

30~40대를 거치면서 일에 열중하다 보면 가정을 소홀하기 쉽다. 원래 가정이 튼튼해야 자신이 튼튼한 것이다. 소홀히 한 가정을 되돌아볼 때, 가족 중에서 내가 알 수 없는 고통을 갖고 있는 가족이 있다면 그 편에서 생각해 보는 시간을 갖는 것이다. 우리는 가족을 늘 보고 지내기 때문에, 가족에 대하여 잘 안다고 생각하고 등한시하는 경우가 허다하며, 배우자의 경우에도 마찬가지이다. 그렇기에 시간을 내어 상대방 입장으로 돌아가서 나와의 관계를 재설정하고 느껴 보는 시간을 갖는 것이다. 사실, 순간적으로 상대방의 입장을 고려하는 기회가 많았을 것이지만 그냥 지나쳤기에, 아주 진지하게 생각해 보기를 권한다.

이때 명심해야 하는 것은 내가 무심코 한 행동들에 상대방이 받은 상처가 세월이 감에 따라 누적되어 지울 수 없는 지경이라는 점이다. 특히 자녀에 대한 점검은 매우 세심해야 한다. 자식과 부모와의 관계는 천륜이라는 감정에서 출발하기에 자녀에게 더욱 고통을 줄 수 있기 때문이다. 이처럼 자신의 무의미한 행동들이 상대방의 가슴에 몇 번씩 금을 긋는 상처를 주었다면, 어떻게 다가가야 할 것인가? 이것이 가정 지키기의 가장 기본적인 질문인 것이다.

우리나라에서는 부모가 경쟁에서 우위를 확보하는 것과 부모 자신의 체면을 중시하여 자녀들을 양육시켜 왔다. 그래서 대학 입시에서 대학교의 명성이 부모의 체면에 부합하는지 따지고, 그런 다음 자녀의 점수에 맞추어 전공을 선택하는 경향이 짙다. 그 이후 자녀들은 방황하고 불행한 나날들을 보낸다.

성년을 대상으로 「직업 카드 분류 150」의 검사 결과를 해석해 줄 때, 자신이 갖고 있는 능력 중에 가장 낮은 분야의 전공을 선택한 사람들이 많았으며, 이들이 자신과 맞지 않는 전공으로 인하여 얼마나 황폐한 삶을 살았는지 고백할 때 그 고통이 밀려오는 느낌을 받았다. 불만스러운 전공 선택의 원인은 부모의 강압에 의한 것이 가장 많았다. 자녀가 원하는 삶을 살 수 있도록 행복한 삶을 살도록 지원해 주는 것이 부모이기 때문에, 지금 다시 자녀를 들여다보고 그들의 이야기에 귀를 기울여야 한다.

길을 가면서 부부가 같이 오는 모습만 보아도 그들의 관계를 짐작할 수 있다. 화난 표정으로 서로 한 발씩 떨어져서 오는 모습을 보면서 숨길 수 없도록 그들의 관계가 악화되어 있을 것이라는 느낌을 받게 된다.

'배우자 챙기기'는 먼저 결혼할 때 초심이 무엇이었는지 확인해 보고, 자신의 마음이 초심에 얼마나 다가가 있는지를 돌이켜 보는 것이다. 그것도 배우자 입장에서 살펴보아야 답이 나온다. 만약 너무 민망한 상태라면, 솔직히 초심에서 멀어져 간 자신을 인정하고 미래를 다짐함으로써 배우자에게 감동을 줄 일이다. 그러나 이러한 신의는 아무리 힘들더라도 지켜야 신뢰를 쌓을 수 있기 때문에, 미래에 대한 비전 제시는 반드시 지킬 수 있는 범위 내에서 답을 하여야 한다. 소통과 대화는 배우자 간의 가장 좋은 도구이다.

이에 못지않게 양가 부모님도 챙겨야 한다. 바삐 지내다 보면, 못 뵌 사이 부모님이 노인으로 변해 있을 수 있다. 그렇다면 지금보다 더 많은 시간과 노력을 부모님들에게 투자해야 집안이 편안하게 된다.

4050세대의 선배들인 베이비부머들을 보면 가족 챙기기가 얼마나 중요한지 알 수 있다. 그들이 퇴직 대열에 들어서면서부터 대한민국이 우울증 공화국이라 불릴 만큼 편치 않은 생활을 하고 있다. 고용 우울증까지 겹쳐 더욱 우울증이 만연되어 있는 것이다. 이때 유일하게 기댈 수 있는 곳은 가정뿐이기에, 가정을 소중히 여겨 되돌아보고 건강한 가족이 되도록 신경을 써야 한다.

내 아이의 상처
보듬어 주기

우리나라에서 자주 화두가 되는 내용은 부모와 자식 간의 갈등이다. 우리나라는 가부장적인 가족문화로 인하여 부모는 자식에게 사랑을 전달하는 방법을 잘 모르고 있다. 부모는 자기 나름대로 사랑하고 있으나, 자식은 그 방식에 고통스러운 반응을 보여 주기도 한다. 아마 우리나라 부모들은 가장 가까이 있는 가족에게 지속적으로 상처를 주고 있는지도 모른다. 특히 아버지는 가장의 위치에서 늘 가족들을 내려다보고, 그들의 말이나 행동이 마음에 들지 않을 때마다 거침없이 지적하고 모욕을 주는 그런 것들이 반복되다 보면, 점점 강도가 강해져서 스스로 그러한 언어와 행동을 했는지 도리어 의아해할 때가 있다.

30대는 결혼 생활을 열고 가정을 이루는 작업들로 분주한 때이다. 그중 가장 경이로운 것은 새 생명을 얻는 과정이다. 많은 사람이 자녀가 태어날 때 생애 최고의 기쁨을 맛보았다고 고백하곤 한다.

자녀의 귀중함은 자신보다 우선이고 부모보다 우선이다. 자녀 중심적인 사고를 일관되게 가져도, 제대로 자녀를 양육하고 있는지 늘 의문이 드는 것이 사실이다. 그렇기 때문에 자녀 양육에 치우침이 있기 마련이다.

부모가 된다는 것은 또 다른 세계로 들어가는 것이다. 하나는 자신이 그냥 세상에 나와 스스로 커서 여기에 왔다고 여기던 이전의 생각이 잘못되어 있음을 아는 것이고, 스스로 이처럼 인격을 갖추게 된 것이 부모님의 은덕임을 알게 되는 것이다. 그리고 자기보다 나은 자녀로 양육할 것을 천명하지만, 그러면서도 부모가 양육했던 그 방식대로 자녀에게 실수를 하게 된다.

자녀 양육 방법에 따라 자녀는 이 세상에 하나밖에 없는 고고한 예술품이 된다. 그렇기 때문에 자녀 양육 방법을 고심하고, 자녀를 관찰하여 다시 수정하고 보완해야 하는 과정이 요구된다. 그리고 부모로서 치우침이 있는지 반성하는 과정도 필요하다.

부모가 갖는 가장 큰 실수는 자녀를 '무한대로 보호'하려는 것이다. 자녀는 부모 곁을 떠나 독립하여 자신만의 삶을 살 권리가 있음에도 우리는 '무한대의 보호'를 자처하고 있다. 이는 자녀가 자신만의 삶을 포기하도록 양육하는 것이나 다름없다. 이와 같기 때문에 자녀는 결국 자신의 일을 스스로 결정할 수 없는 '부모 의존형'으로 자라는 것이다.

부모가 자녀를 보호하는 것은 영유아기 때이고, 그 이후는 이 세상에서 어떻게 생존해야 하는지를 가르쳐야 한다.

또 다른 실수는 자녀를 소유물로 착각하는 것이다. 그렇기 때문에 부모는 사사건건마다 '해야 되는 일'과 '하면 안 되는 일'의 이분법적 사고를 가지고 양육한다. 이러한 흑백논리는 모든 것을 두 가지 극단으로 구분하게 함으로써 소통이 어려운 인간으로 자라게 하여 자신이 원했던 길이 아니라면 목숨까지 버리게 만들 수도 있다. 수능 시험이 끝나고 나면 심심치 않게 보도되는 것은 시험을 잘 치르지 못해 자살을 택한 청소년의 이야기이다. 부모의 흑백논리에 길들여진 자녀는 더 이상 해답이 없다고 느끼면 절망 속에 자살하는 것이다.

대체적으로 부모는 결과를 중시하는 경향이 있다. 결과는 곧바로 칭찬과 벌이 따르게 되는데, 칭찬과 벌을 주고 나서 나중에 경위를 보면, 칭찬과 벌을 주지 않았으면 더 좋았을 경우도 발생된다. 어떤 일이 발생했을 때 자초지종을 묻고 나서 벌이나 칭찬을 주어도 늦지 않다.

용납될 수 없는 부모의 실수는 자녀의 진로를 은연중에 결정하는 것이다. 자녀의 진로는 만들어 갈 수 있다고 보고, 부모 자신이 못다 이룬 꿈을 자녀의 진로로 정하여 놓고 양육 정책을 밀고 나가는 것이다. 이는 자녀가 엄연한 독립적 인격체임을 간과한 것이다.

우리는 어떤 사람을 표현할 때 '어디에서 몇 등을 했다'라는 설명이 먼저이고, 그 다음은 어떻게 설명해도 크게 상관하지 않는다. 그 집단에서 1등이 되어야 한다고 자녀에게 주문하는 것은 윗대 부모나 지금의 부모나 매한가지이다.

교사와 아들 간의 심한 충돌에 대한 상담을 진행한 적이 있다. 상담 결과 교사는 학교에서 진학 지도에 매우 탁월한 능력을 보였으나, 집에서도 아버지로 있기보다는 진학 지도 교사로 아들을 대하였다. 그는 아들을 반드시 원하는 대학에 보낼 수 있다는 신념에 충실했으나, 아들은 아버지의 사랑을 원했기 때문에 심한 충돌로 이어진 것이다. 이와 같이 자녀를 사랑하지만 그 사랑을 전하는 법을 모르는 부모들이 많아서, 자신도 모르게 자녀에게 상처를 주고 있다.

작고한 개그맨 김형곤(1960~2006)은 이러한 우리에게 충고를 한다. 그 내용은 이렇다.

가족이 다 모이는 아침식사 시간, 아버지는 아들한테 "너 요사이 공부 잘하냐? 몇 등 했니?"라고 한다. 이러면 그 아들은 어떻게 하든지 아버지보다 먼저 밥을 먹던가, 늦게 먹던가, 비껴 가든가 하여, 아버지가 스스로 기피 인물이 되는 것이다. 그러지 말고 "야! 뭐 웃기는 이야기 없냐? 손오공 시리즈 같은 거!"라고 하면, 그 아들은 놀라서 '우리 아버지가 머리가 이상해지신 것 아냐?'라고 생각한다. 그러나 우리는 아들들을 모두 효자로 키웠기에, 결국 그 아들은 웃기는 친구한테 가서 개그를 배우고 외워 온다.

다음 날 아버지가 요청했을 때 아들은 외운 것을 이야기하는데, 아무리 웃기는 이야기도 외워 하면 하나도 웃기지 않는다. 그렇다 해도 "야! 그것도 웃긴다는 거냐?"라 하면 일을 망치기 때문에 아무리 웃기지 않아도 막 웃어 준다.

이렇게 두세 달을 계속하면 아들은 유머 감각이 늘며, 아들이 속한 집단에서 '인기 짱'이 된다. 그렇다면 왕따 걱정을 안 해도 되고, 인기 짱이 되면 결국 공부도 잘하게 된다.

이와 같은 김형곤의 충고는 우리에게 큰 시사점을 안겨 준다. 그러므로 자신보다 더 나은 자녀로 만들기보다는 자녀가 어떻게 하면 행복해질 수 있을까에 초점을 맞추어야 한다.

가족의 진로 유산 만들어 보기

〈고도원의 아침 편지〉에서는 깨우침을 주는 글귀를 많이 만나게 된다.

"교육도 발명입니다. 가장 강력한 창조 행위입니다. 사람을 만들고 키우는 것 이상의 값지고도 의미 있는 창조 행위가 어디 있겠습니까? 아름다운 건축물 하나가 주변 풍경을 바꾸듯이 잘 만들고 키워진 사람 하나가 세상을 바꿉니다."(2014. 10. 28)

자녀에게 가장 강력한 창조 행위로 가정 교육을 시키려면 어떻게 해야 할까? 전화기를 만든 벨(Alexander Graham Bell, 1847~1922)은 스코틀랜드에서 태어났으며, 미국에서 활동한 과학자이다. 벨의 할아버지는 청각 장애인을 위하여 음성학을 연구하였으나 빛을 보지 못하였다. 그러자 벨의 아버지는 부친의 업적을 세상에 알리려고 노력하였고, 늘 아들에게 할아버지의 음성학에 대한 연구 업적을 세상에 알려야 한다고 이야기하였다. 어린 벨과 그의 형제들은 가업을 잇도록 훈련받았다.

아버지와 더불어 벨은 2대에 걸쳐 웅변술과 언어 교정에 대해서 권위를 인정받았다. 농아들을 위해 초기에 이룬 업적들과 30세도 되기 전에 전화를 발명한 것은 이 훈련 과정이 철저하였음을 보여 준다.

직장이나 직업을 그만둔 이유를 '적성에 맞지 않아서'라고 말하는 사람이 대부분이다. 그러나 자신에게 맞는 진로를 결정하는 데 영향을 미치는 요인들은 대단히 많다. 이러한 요인들이 복합적으로 작용하여 자신의 진로를 결정하는 것이다. 이들 요인 중에는 가정환경에서 비롯되는 요인도 있다.

진로에 영향을 미치는 첫 번째 요인은 태어난 순위이다. 맏이로 태어났으면, 국가나 사회나 가족이 바람직하다고 여기는 방향으로 직업을 선택하도록 양육되어 공무원, 교사, 법관, 의사, 국가적 사명감이 높은 직업으로 나갈 확률이 높다. 둘째는 창의성이 발달되어 창조적인 일을 하게 된다. 막내는 목표 지향적이고 권위적이며 지위 지향적인 직업에서 만족감을 갖는다. 그 사이에 낀 형제자매들은 무엇이든지 잘하는 유형이다. 그러나 외동은 성과 무관하게 아주 남성적이거나 아주 여성적인 진로를 좋아한다.

두 번째 요인은 대뇌반구인데, 이는 좌반구와 우반구로 구분된다. 왼쪽의 대뇌반구가 발달하면, 논리적으로 따지기 좋아하고, 규칙적이고, 순차적이며, 순서적인 것을 좋아하여 이공 계통의 직업을 선호한다. 오른쪽 대뇌반구가 발달하면, 직관적이고 통합적이고 감정적인 면이 강하며, 인문·사회·예술계통의 직업에서 활동한다.

자녀들이 어디가 발달되었는지 알아보는 간단한 방법은 책상을 정돈해 놓았으면 좌반구가 발달한 것이고, 쓰레기통처럼 해 놓고 정돈하지 못하게 하면서도 잘 지낸다면 우반구가 발달한 것이다. 그러나 좌우의 대뇌반구가 모두 발달한 경우도 있는데, 이러한 사람들은 무엇이든지 잘하는 다재다능한 유형이다.

세 번째 요인은 타고난 자질이다. 태어나서부터 한 가지만 잘하는 조기 판명형, 새로운 것을 추구하는 창조적 재능형, 무엇이든지 잘하는 다중 잠재형, 공부만 하는 학문적 재능형 등이 있다. 이 형들은 태어난 순서, 대뇌반구와 밀접히 관련이 있다. 예를 들면, 첫째로 태어난 사람이 좌반구가 발달하면, 학문적 재능형이 될 가능성이 높고, 둘째가 우반구가 발달하면, 창조적 재능형과 연관이 있다. 대뇌반구가 좌우 골고루 발달하면, 다중 잠재형이 될 가능성이 높다. 그러나 이것은 그러한 경향성을 보는 것이다. 예를 들면, 축구선수 박지성은 매우 뛰어난 조기 판명형이다.

그 다음 요인으로는 적성이나 흥미를 들 수 있다. 일반적으로 적성과 흥미는 홀랜드(Holland, 1919~2008)의 여섯 가지 코드로 분류한다.

현실형(R)은 구체적이고 실재적으로 구현하는 직업, 탐구형(I)은 연구적인 성향이 있는 직업, 예술형(A)은 창의성과 연관된 직업, 사회형(S)은 인간관계와 관련있는 직업, 진취형(E)은 사업이나 경영이나 지도자적 위치의 직업, 관습형(C)은 완벽하려고 하며, 전통적이거나 규칙적인 일을 하는 직업과 관련이 있다. 개인은 이 중에서 세 가지 코드로 구성되어 있으며, 예를 들면, 현실적이면서도 탐구적이고 예술적인 성향이 있다고 보는 식이다. 「직업 카드 분류 150」 검사의 전문적 진단 결과를 통하여 자신의 세 가지 코드를 발견할 수 있으며, 이 코드를 통하여 어떤 성격적 갈등이 있는지도 확인이 가능하다.

이제까지 진로에 영향을 주는 요인들과 달리 독특한 요인들이 있다. 이는 문화적 요인으로서 민족과 가족이 주는 요인이다.

먼저 민족이 주는 특별한 소질과 재능을 진로 유산이라 한다. 한 가지 예를 들면, 우리가 평소 사용하는 젓가락은 큰뇌의 기억과 학습이라는 곳을 자극하여 뇌를 발달시킨다. 그러므로 우리 민족은 식사만 해도 머리가 좋아지는 민족이다. 또 젓가락은 지렛대 원리를 이용하여 사용되므로 엄지손가락 부위를 발달시켜 우리 민족의 손가락 재능을 발달시킨다. 이와 같이 우리의 진로 유산은 무궁무진하다.

가족 문화가 진로에 주는 영향은 지대하다. 3대를 위로 거슬러 올라가서 외가, 친가에 걸쳐 가장 많이 분포된 직업이 있다면, 사람들은 이 직업을 좋아할 확률이 높다.

가족의 진로 유산을 만드는 프로젝트를 구상하여 실행한다면 사랑하는 자녀를 위해 값지고 의미 있는 최고의 창조 활동을 수행하는 것이다. 우선 자녀들과 함께 친가와 외가의 3대를 거슬러 올라가서 누가 어떤 직업들에 종사하였고, 그 직업이 하는 일들은 어떤 것인지 알려 준다. 시간이 많이 소요된다면 1부, 2부로 나누어 진행하고, 자녀들이 좋아하는 인물이 누구인지도 파악한다. 자녀들이 좋아하는 인물이 있다면, 부모가 부탁할 사항을 미리 그 인물과 의논하여 자녀가 혼란을 일으키는 것을 미연에 방지한다.

자녀들의 세계는 일생 동안 7~8개의 직업에 종사하기에 다양성을 추구할 수 있도록 그 가문에서 유지되어 온 내력과 진로 유산에 대한 긍지를 심어 주고, 이에 대한 정보를 주기적으로 제공하며, 새로운 비전을 제시하는 일련의 활동들을 종합적으로 제시한다. 이러한 활동들은 서로 유기적이어야 하며, 치우침이 없어야 균형적인 가족의 진로 유산을 만들고 지킬 수 있다. 그 끝은 가장 값진 창조적 활동이다.

chapter 3

—

속도보다 방향이 우선

자기 성찰

일이 아닌
'꿈'에 도전하기

20세기의 거장인 피카소(Pablo Picasso, 1881~1973)는 세잔(Paul Cezanne, 1838~1906)을 가리켜 '나의 유일한 스승이며, 우리 모두의 아버지와 같다.'라고 하였다. 현대 미술의 개척자인 세잔은 '아주 공정하고 아주 완벽한 분석과 놀라운 직관으로 그림을 그렸다'는 평을 받았다. 오죽하면 모티브를 얼마나 관찰하였는지 눈이 충혈될 정도였다.

그럼에도 불구하고 세잔은 56세에 개인전을 열었다. 그는 오랜 시간 깊이 파고들며 연구하기를 원하였고, 생물이든 무생물이든 모두 같은 기준으로 간주하였다. 하나의 시점에서 대상을 그려야 한다는 전통적인 원근법에서 벗어나, 복수화된 시점에서 대상을 묘사하는 방식을 택하였다. 그래서 여러 방향에서 관찰한 각각의 사물을 한 화면에 그려 넣었다. 형태를 색채의 덩어리로 표현해 반추상화를 그리기도 하였다.

그는 단추를 그대로 그리지 않아도, 머리카락을 한 올씩 그리지 않아도 모든 것의 깊이를 밝혀 줄 수 있는 본질에 다가가는 법을 알려 주었다. 그래서 세잔을 '근대 회화의 아버지'라고 부른다.

세잔은 스스로 자신에게는 스승이 없다고 하였다. 그러기에 그가 가는 길에는 지독한 고독과 불안, 실패가 있었고, 아무도 알아 주지 않는 무명 화가의 절규가 있었다. 그는 19세기의 틀에 박힌 가치를 부정하면서 많은 실험과 연구를 거친다. 이러한 길은 그 당시 저주와 조롱의 대상이 되어 '조잡한 실험', '충동적이고 무의미한 미술', '완전한 실패작' 등으로 비난을 받았으나, 그 이후 봇물처럼 나타난 현대미술의 여러 사조의 기초가 되었다. 그는 그림을 그리다가 죽기를 원했고, 결국 그렇게 죽었다(류승희, 2008).

피카소의 작품들은 심히 왜곡되고 상상에서 나오는 괴물과도 같다. 생전에 피카소만큼 대중에게 알려진 화가도 드물 정도이며, 20세기에 가장 위대한 화가였고, 그의 천재성은 현대 미술을 이끄는 원동력이 되었다. 피카소는 91세에 사망할 때까지 그림을 그렸는데, 80여 년 그림을 그렸다고 보면 그림을 그린 날들은 2만 9,200일 정도이다. 그가 그린 작품은 3만여 점에 달한다고 하니, 하루에 한 작품 이상을 만들어 낸 셈이다.

피카소는 '20세기가 낳은 최고의 천재 화가'라 불리는데, 미술 교사였던 아버지가 아들의 천부적 재능을 알아보고 자기의 실력이 그에 비해 일천하다고 깨달을 정도였다. 피카소는 그 당시 '베끼기', '따오기'의 명수였으나, 언제나 지금 자신이 시도하고 있는 스타일로 재해석하였다. 그는 장단점을 재빨리 파악하고 장점을 자기 것으로 만드는 귀재였다. 새로운 아이디어를 발견하기 위해 노력했으며, 새로운 구상에 몰두하기 위해 작업실 문을 잠그고 미친 듯이 그렸다. 그는 다분히 문학적이면서, 화가란 보이는 것만 아니라 그 마음을 들여다보고 이를 끄집어 내야 한다고 생각하였다. 그는 일단 일을 시작하면 혼신을 바쳤는데, 먹고 자는 것조차 잊은 채 일에 매진하였다.

아폴리네르(Apollinaire,1880~1918)는 피카소에 대하여 '그리고자하는 대상에 매혹당해 이를 환희와 공포의 심리적 교감을 거쳐 섬세하게 조화시킬 수 있는 상상력을 지닌 탁월한 재능의 소유자'라고 하였다. 그렇다. 1932년에 제작한 〈꿈〉은 농염한 여인의 모습을 가장 극적으로 나타낸 작품이며, 1937년에 제작한 〈우는 여인〉을 보면 격렬하게 우는 얼굴의 근육과 형태를 얼마나 사실적으로 세밀히 분석하였는지 알 수 있다. 피카소는 19세 때 하루 끼니를 걱정할 정도였으나, 그처럼 살아생전에 막대한 부를 거머쥔 화가도 없다.

60대에 초심자로서 시작하면 과연 전문가로 활동할 수 있을까? 그렇다면 어느 정도 시간이 필요한 것인가? 이러한 질문은 직업 상담을 하면서 매양 갖는 의문이다. 그 답은 기타 제작자 최종수 씨에게서 찾을 수 있었다.

최 씨는 어릴 때부터 기타를 만드는 것이 꿈이었다. 그 꿈을 이루기 위하여 죽을 때까지 만들 기타 재료를 다 샀다고 생각한 그때, 그는 승진을 앞두고 59세에 과감히 사표를 냈다. 그리고 집을 지으면서 지하에 공방을 만들어 기타 제작을 시작했는데, 73세에 만든 기타의 가격이 1,000만 원에 이른다. 그의 기타가 일본의 기타 박물관에 두 대나 걸려 있다고 하니, 그 우수성을 짐작할 수 있다. 그는 혼신을 다하여 기타를 만들기 때문에 일 년에 두 대 정도 만들고, 완성품이 아니라고 생각하면 완성될 때까지 다시 뜯어내고 만드는 작업을 되풀이하면서 기타 안에 작업일지를 기록하기까지 하였다. 기타의 음이 천상에 닿을 때까지 혼신을 다하는 그의 모습은 혼이 어린 70대 장인의 면모를 볼 수 있었다.

성공이란 목적하는 바, 곧 꿈을 이루는 것이다. 꿈을 이룬 사람들은 항상 같은 이야기를 반복한다. 꿈을 갖고 그 꿈을 추구하고자 하고, 목적에 도달하고자 하는 열망, 목적을 이루기 위하여 어떤 장벽에서도 굴하지 않는 올곧음, 어떤 고통도 참고 이겨 내는 인내심, 조급해하지 않고 목적이 달성될 때까지 착실히 다져가는 전문성, 좌절하였다가도 길을 잃지 않고 다시 시작하는 끈기, 꿈은 이루기 위한 쉼없는 성실성, 이러한 활동들은 '꿈은 이루어질 수 있다'는 신념에서 비롯된다. 꿈은 '나'이면서 '나'를 대변하고 '나'를 완성해 나가는 것이다.

꿈이란 남들이 대수롭지 않게 생각하는 것도 나에게는 소중한 것이다.

인류를 위한 원대한 꿈도 있지만, 작은 실천으로 이웃을 행복하게 하는 꿈도 원대한 꿈과 다를 바 없다.

우리는 꿈을 실현한 많은 사람의 결실을 보고 상대적으로 박탈감을 느낀다. 그러나 늦었다고 생각할 때 시작하라는 명언도 있다. 늦었다고 느낀다는 것은 이미 시작한 것과 같다는 의미이다. 사실, 꿈을 이루기 위한 모든 시간들과 활동들은 바로 자신의 행복을 추구하는 그 자체이면서도 다른 사람들의 행복을 가져다주는 것이다.

성공한 사람들은 꿈을 추구하다 보면 돈도 성공도 따라온다고 입을 모아 말한다. 일만 하지 말고 꿈을 좇으면 결국 꿈과 성공 둘 다 이룰 수 있다.

낯선 환경에 나를
던져 놓기

항상 지나쳤던, 그리고 무심코 지나갔던 일들을 곱씹어 보자. 그러면 새로운 환경에서의 내 모습을 발견할 수 있다.

40여 년간 자동차라는 이동 수단에 의존하다 보니 자동차가 생활필수품이 되었다. 그리곤 가장 복잡하고 주차하기 어려운 곳도 마다하지 않고 차를 갖고 다니는 것이 통상적이어서, 차 없이 어디를 다닌다는 것은 상상하지도 못하였다. 이와 같은 습관을 버리기가 힘들었기에 차가 없을 때는 택시를 타곤 하였다.

그러나 뜻밖에도 장기간 차 없이 살아야 하는 시간이 찾아왔다. 벌써부터 '이 고난의 기간을 어떻게 견디어야 하나.' 하는 긴장감이 엄습해 왔지만, 버스를 타기로 하였다. 가방을 백팩으로 바꾸고, 신발도 간편화로 신었다. 일단 버스 종류와 노선을 알아야 했고, 버스 요금 지불 방법에 대해서도 알아야 하였다. 그러나 전철은 이보다 더 어려웠던 것이 어느 입구로 들어가야 가는 방향과 맞는지 구분이 되지 않았다. 그러기에 버스가 더 편리하다고 위로하며 이러한 생활을 하다 보니, 버스정류장에 설치된 도착 안내 정보를 보고 이러한 첨단 체계가 우리나라에 언제 도입되었는지 놀라웠다. 그늘조차 없는 버스정류소에서 버스를 마냥 기다리던 40년 전과는 전혀 다른 모습에, 별안간 타임머신을 타고 미래로 간 것과 같은 착각에 빠졌다.

늘상 새벽 2~3시에 자기 때문에 아침 8시에 일어나기가 어려운 그런 생활이 이어져서 알람을 달고 살아야 하였다. 조찬 모임이 있는 날은 괴롭기 짝이 없는데, 생체리듬이 깨져 너무나 피곤하여 견디기 어려웠다. 조찬 모임에서 한참 회의 진행 중에 큰 소리로 8시 알람이 울리는 바람에 창피하였던 적도 있다. 그러던 중 잠 못 이루는 시간이 늘면서 졸음을 이기지 못해 일찍 잠들다 보니, 밤 10시에 자서 새벽 4~6시에 일어나는 기이한 습관이 생겼다. 일생일대의 변혁이었다.

출근 전 2~3시간을 어떻게 보낼까 궁리하다가 평생 해 보지 않은 운동을 하기로 하였다. 계단 300여 개를 오르내리는 일인데, 처음에는 100개도 오르기 어려웠지만 점점 견뎌 내는 것을 느끼면서 또 다른 기쁨을 맛보았다. 그리고 내가 아직 잠자리에 있을 시간에 많은 사람이 활동하는 것을 보고 '그동안 나는 뭘 했지?'라고 반문하게 되었다.

출퇴근에 매달리다 보면 청소거리가 쌓이므로 매번 청소를 몰아서

사십과 오십 사이

하고 지치기 일쑤였다. 그렇다고 지치는 게 두려워서 청소를 게을리 하면 늘 마음 한구석이 마뜩찮다. 그러던 어느 날, 밀린 청소를 한꺼번에 한다는 생각을 바꾸어 조금씩 자주 하기로 마음먹었다. 그래서 청소 시간과 대상을 쪼개어 자투리 시간에 청소하기로 하였다. 물 끓이는 짧은 시간이지만 기다리는 시간에 마루 한쪽을 닦았다. 이러한 시간들이 모이고 나니 어느새 청소가 마무리되었다. 자투리 시간을 사용하였기에 생활에도 전혀 지장이 없었다.

집안 형편상 두 집 식구가 일 년 동안 살림을 합쳐서 산 적이 있다. 가구로 둘러싸인 우리 집이 답답했는데, 다른 집 이삿짐이 들어오면서 깜짝 놀랐다. 새로 들어오는 사람들은 가족을 이룬 지 얼마 되지 않아 세간이 적을 것이라는 예상을 뒤엎고, 집 안은 여기저기 쌓아 놓은 물건들로 발 디딜 틈이 없었다. 두 집 식구가 살기에 결코 좁지 않은 공간이건만, 두 집 살림살이들이 뒤엉켜 있는 광경을 보니 마치 거대한 쓰레기장 같아서 긴 한숨이 나왔다.

'인간은 어쩌면 이리도 끊임없이 물건을 사 들이고 모으는가? 저 물건들은 정말 반드시 필요한가? 평생 물건을 사서 모으려면 도대체 집이 어느 정도 넓어야 하는가?'

여기까지 생각이 미치자, 먹거리나 생필품 이외에는 어떤 쇼핑도 하지 말자고 다짐하였다. 이러한 생각으로 백화점이나 쇼핑센터를 둘러보니, 사고픈 물건이 보이지 않았다.

10년이 넘도록 사무실 청소 아주머니를 보면서, 저렇게 큰소리로 이야기하는 것이 경박스러워 보여서 인사만 나누었다. 그녀는 언제 어느 때고 먼저 인사를 하였고, 나는 이를 당연시하였다. 아주머니는 화장실의 휴지가 적게 쌓인 것을 보고 교육생이 줄었으니 걱정되겠다는 위안의 인사도 건넸으나, 나는 늘 하던 대로 인사만 하였다. 그러던 어느 날, 노동의 신성함을 알려 준 분이 찾아왔다. 그는 많은 건물에서 청소부들에게 '입주업체 직원들이 출근하기 전에 청소하고, 입주업체의 직원들의 눈에 띄지 않는 곳에서 있어야 한다'는 기준을 암묵적으로 요구하다 보니, 이들이 쉴 공간이 별도로 마련되어야 한다고 주장하였다.

그 이야기를 듣고 보니, 우리 건물의 청소부 아주머니는 뙤약볕에 쉴 곳이 없어 차 지붕에 상자를 얹어 그늘로 삼아 쉬고 있음을 알게 되었다. 불현듯 나 자신이 직업명성이 높다고 생각되는 직업에 종사한다고 생각하여, 위세의 낮은 단계에 있다고 생각되는 직업을 가진 사람들에게 아끼는 마음을 가져 보지 않았음을 알게 되었다. 별안간 얼굴이 달아올라, 변변치 못한 행동에 반성을 하고 '직업복지 구현'에 앞장서고자 했던 자신의 이중성에 부끄러워졌다.

그러고는 직업복지 실현을 위한 네 가지 명제를 구상하였다. 첫째, 직업명성이 지배하는 세상이 아니라 노동에 대한 숭고함 앞에 '평등함'을 가져와야 한다. 둘째, 직업의 명성이 높거나 낮거나의 잣대가 아니라 노동의 숭고함에 대한 서로의 '존중감'이 있어야 한다. 셋째, 괜찮은 일자리와 그렇지 않은 일자리를 구분할 것이 아니라, 어떤 일도 매우 중요하며, 그러한 일들이 사회나 국가의 발전에 밑바탕이 되고 이웃과의 행복감을 가져온다는 '자부심'을 회복해야 한다. 넷째, 남들이 기피하는 힘든 노동에 종사하는 이들이 빈곤의 대물림이라는 쳇바퀴에서 나올 수 있도록 이들에게 용기를 주고 격려해 주어야 한다. 아주머니를 통해 얻게 된 교훈 덕분에 직업복지의 명제를 만들 기회를 얻은 것이다.

늘 하던 습관대로가 아닌 낯선 환경에 떨어지는 모험을 해 본다는 용기는 나이가 들수록 갖기 어렵다. 늘 같은 방식으로 생각하고 늘 같은 음식을 고집하고, 늘 같은 사람만 만나고, 늘 가던 곳을 간다고 한다면 아마 미래의 자신의 모습은 고정되어 버릴 것이다. 자기 틀이 가장 합리적인지, 가장 좋은 것인지의 평가도 없이 자기 틀에 매여 있다면 얼마나 꼴불견이란 말인가?

자, 모험이 두렵고 어렵다고 생각된다면, 한 가지 변화를 가져 보면 된다. 가령, 그동안 소원했던 친구라도 한 달에 한 명을 선정하여 연락하고 만나 본다면 아주 새로운 정보를 얻게 된다. 전혀 다른 직업에 종사하는 동우회 사이트를 방문해 보면 새로운 세계를 만날 수 있다. 이러한 과정들은 낯설지만, 새로운 시공간에 나를 던져 보면 내 안에 숨어 있는 나를 깨울 수 있다.

그런 의미에서, 코로나19 바이러스 사태로 인한 '사회적 거리 두기' 운동은 우리 국민 모두를 낯선 환경에 던져 놓은 격이다.

나를 새롭게 재구조화하기

나를 새롭게 재구조화하는 것은 이 시대에 반드시 필요한 직업인의 요건이다. 직업 시장은 소수가 지배하는 시장으로 돌입하였으며, 있는 것과 없는 것의 구별은 더욱 뚜렷해지고, 그 차이는 더욱 벌어진다. 그리고 있는 것의 축은 점점 작아지면서 모든 것의 중심이 된다. 이러한 원리가 소수의 지배를 더욱 심화시킬 것이다. 이제는 일이 있는 사람은 점점 일이 많아지지만, 일이 없는 사람은 점점 일이 적어진다. 그렇기 때문에 직업 시장에서는 더욱 소수화가 진행되고 있다.

그렇다면 소수는 지능이 뛰어나고, 많은 공부를 해야 가능한가? 그렇지 않다. 흔히 말하는 '허드렛일' 속에도 소수가 존재한다.

중국집 배달원 '번개돌이' 이야기는 소수가 무엇인지를 대변해 준다.

주인공은 어릴 때 가출하여 무작정 기차를 타고 서울역에 도착하였다. 그는 잘 곳과 먹을 것을 해결하기 위하여 중국집에 이러한 사정을 이야기하니 주인이 흔쾌히 허락하여 중국집 배달원이 되었다.

그가 배달원으로 있으면서 제일 먼저 느낀 것은 호텔에서나 중국집에서나 똑같은 일을 하는데 자기를 부르는 호칭이 '어이~'라는 것이었다. 그는 호칭이 없는 이유를 자기 옷맵시에서 발견하게 된다. 후줄근한 체육복 바지에 슬리퍼 차림의 모습에서 벗어나 그는 새롭게 자기 구조화를 하기 위하여 청계천 시장에 가서 흰색 와이셔츠와 검은색 바지를 마련하였다. 그는 이 옷으로 옷매무새를 단정히 하고 손님을 대하니 '아저씨'로 호칭이 변하게 되었다.

같은 성년인데 누구는 대학생이고, 누구는 중국집 배달원이라는 생각 때문에 여느 배달원들은 대학교 배달을 가장 싫어한다. 하지만 그는 유쾌하게 고려대학교에 배달을 나갔다. 대부분 여자 조교가 음식값을 지불하는데, 조교의 책상 서랍에는 대부분 여벌 스타킹이 있었다. 이를 눈여겨본 그는 주인에게 가게 홍보물을 이쑤시개에서 여자 스타킹으로 바꾸자고 제안하였다.

사실, 이쑤시개나 여자 스타킹이나 가격은 별반 차이가 없었다. 그러나 결과는 놀라웠다. 여자 조교들이 홍보용 스타킹에 붙어 있던 연락처를 보고 음식을 주문하였던 것이다. 주문이 급증하자 그는 1개월 동안 자장면을 가장 많이 시키는 무리에게 탕수육 한 그릇을 서비스한다는 광고를 하였고, 교수들까지도 경쟁에 뛰어들었다.

또 그는 학생들이 학교 벽보판이 붙은 곳에서 소식을 접하는 것을 보고, 학생들의 이러한 노고를 덜고자 오토바이 뒤에 큰 칠판을 달아 중국 음식을 많이 시키는 집단에게 게시할 내용을 적게 하였다. 그는 학생들이 머리띠를 메고 데모하는 모습을 보고, 가운데에 '번개돌이'라는 표시를 한 빨간색의 두껍고 긴 머리띠를 착용하고 오토바이로 교정을 누벼서 고려대학교의 명물이 되었다.

자장면 배달을 가면, 대부분 교수들이 일을 끝내지 않아 식사를 즉시 하지 않는 경향이 있어 그는 비닐 랩을 벗기고 면을 비벼 놓는 서비스를 하였다. 면을 빨리 비비지 않으면 굳는다고 알려 주자, 교수는 독특한 사람이라 여겨 경영학과 학생들을 대상으로 1시간짜리 강의를 맡긴 것이 폭발적인 인기를 얻었다. 그 후 그는 강사로 활동하고 있으며, 6개월치의 강의 스케줄이 꽉 찬 상태라 하였다. 그는 '허드렛일 속에서의 소수'이며, 이러한 행동 하나하나를 기존의 틀이 아닌 재구조화된 틀로 만듦으로써 소수가 될 수 있었던 것이다.

서광원의 저서 〈시작하라 그들처럼〉에 보면 이러한 구절이 나온다.

"영화 〈여인의 향기〉에서 알 파치노(알 파치노는 배우 이름이고, 배역 이름은 프랭크임.)는 '실수할까 봐 걱정돼요.'라며 탱고 추기를 두려워하는 여인에게 다가가 이렇게 말한다. '두려워할 필요 없어요. 실수하면 다시 추면 되니까요. 실수해서 발이 엉키기 시작했다면, 당신은 지금 탱고를 시작한 겁니다.'"

사십과 오십 사이

'어떻게 중년이 넘은 나이에 사회 초년병처럼 떨림과 호기심을 가질수 있을까? 그게 가능한가?'라며 회의적이던 사람이 어떤 계기로 떨림과 호기심을 느꼈다면, 그 순간 인생의 참맛을 알기 시작한 것이다. 맨처음 배울 때는 누구나 두려움에 떨지만, 이 두려움은 점점 자신감으로 채워진다. 시간이 지나 과거를 되돌아본다면, '그때 왜 그렇게 두려워했을까?'라는 생각이 들기 마련이다. 이처럼 사회 초년병이 느낄 법한 떨림과 호기심은 인생을 새롭게 만들어 준다.

내 마음은 어떤 것일까? 그동안 우린 지쳐 있었다. 꽉 짜인 스케줄에 맞추어 일을 끝내기 위한 필사적 노력, 남들보다 더 나은 생활을 향한 몸부림, 승진에서 낙오자가 되지 않으려는 피나는 경쟁, 원만한 가족생활을 위한 노력과 양보에 지칠 대로 지쳐 있기에 또 다른 인생의판 역시 이렇다면 무척 재미없을 것이다. 여기까지 생각하면 인생의판을 굳이 새로 짜야 할 어떤 의미도 부여할 수 없다.

그렇다면 답은 간단하다. 포기하는 수밖에! 그러나 이것은 길이 아니다. 그리고 길이 아니면 가지 않는 게 옳다.

인생을 재구조화하기 위하여 '인생 새판 짜기'를 시작한다면, 가장튼튼한 버팀목이 있어야 한다. 언제 어느 때라도 흔들리지 않을 믿음직한 버팀목. 이것은 부모가 아니고, 배우자도 아니며, 친구 또한 아니다. 나의 마음! 이것이 바로 가장 훌륭한 버팀목인 것이다.

'마음을 잘 다스리는 법'은 성현들의 충고 중에서 가장 큰 비중을 차지하는 주제이기도 하다. '우리는 사소한 일에 목숨을 건다.', '당신의 기분을 엉망으로 만드는 기분 도둑을 경계하라.', '사람은 감정부터 늙는다.'라는 말에서 보듯, 마음에 관한 충고는 우리 마음을 달래 주는 힘이 있다.

마음가짐에서 가장 중요한 것은 '초심을 잃지 않는 것'이다. 이는 우리가 평생 지켜야 할 중요한 명제 가운데 하나지만, 때로는 인간이라서 초심을 잃어버리기도 한다.

중국 역사상 소중한 정신 유산으로 꼽히는 '와신상담(臥薪嘗膽)'에 얽힌 옛이야기는 이렇다. 월나라 왕 구천(勾踐, ?~기원전 465)이 오나라 왕 합려(闔閭, 기원전 515~기원전 496)를 살해하였다. 그러자 아버지에 이어 오나라 왕이 된 부차(夫差, 기원전 495~기원전 473)는 날마다 딱딱하고 차가운 땔나무 위에 누워 자면서 부왕의 원수를 갚겠다는 각오를 다졌다.

그로부터 3년 뒤, 부차는 월나라와의 전쟁에서 승리하여 구천을 노예로 삼았다. 부차는 그를 죽일 명분을 갖기 위해 참기 어려운 모욕을 주었다. 구천이 참으면 더 심한 모욕을 주고, 그 다음은 한층 심한 모욕을 주는 식이다.

그러나 구천의 초심은 반드시 월나라를 되찾아 오나라보다 더 강한 국가를 만드는 것이기에 쓰라린 치욕노 잠을 수 있었다. 결국 부차는 구천을 풀어 주었고, 그때부터 구천은 매일 쓰디쓴 웅담을 맛보면서 그날의 치욕을 잊지 않고 초심을 더욱 갈고 닦았다. 그리하여 20년의 세월이 흐른 후, 구천은 오나라를 멸망시키고 춘추 전국 시대의 패왕에 등극하였다.

초심을 잃지 않은 그 마음에 이 마음을 더한다면 분명 튼튼한 버팀목이 될 것이며, 이는 어떤 장벽에도 굴하지 않는 것이다. 우리는 누구든지 장벽을 갖고 있다. 승진 장벽, 재취업 장벽 등등. 이를 극복하는 일은 하루아침에 이루어지지 않는다. 장벽에 굴하지 않고 줄기차게 노력하는 자세를 지녀야 장벽을 극복하고 원하는 바를 쟁취할 수 있다.

행동 함정에서 빠져나오기

정상적인 사고 과정을 거쳐서 건전한 결론을 이끌어 내지 못하도록 생각을 왜곡시켜서 한쪽으로 치우치게 하는 것을 심리학에서는 '편향(偏向, bias)'이라고 부른다. 근본적으로는 우리를 감싸고 있는 환경 자체가 이미 '강력한' 편향이기에, 편향으로부터 완전히 벗어나기란 불가능하다. 편향을 많이 지닌 사람일수록 과학적 정보를 받아들일 때 끼워 맞추기식이나 선별적으로 수용하고, 비합리적인 인과율을 적용하는 등 문제를 비정상적으로 해결할 가능성이 높다.

미첼과 톰프슨의 연구(Mitchell & Thompson, 1997)에 따르면, 자신의 경험을 바라보는 사람들의 시각에서는 세 가시 편향이 나타난다. 어떤 일이 생긴다고 가정할 때, 자신이 희망하는 정도를 실제보다 더 긍정적으로 보는 '장밋빛 예견(rosy projection)', 현재 경험하고 있는 일들의 긍정적 측면을 최소화하는 '평가절하(dampening)', 과거의 경험을 그 당시보다 더 긍정적으로 평가하는 '장밋빛 회상(rosy retrospection)'이 그것이다.

이 중에서 우리는 간편 추론법의 덫에 걸려 있다. 간편 추론법은 문제를 해결하거나 불확실한 사항에 대해 판단을 내릴 필요가 있지만, 명확한 실마리가 없을 경우에 사용하는 편의적·발견적 방법이다. 신속 추론법, 경험에 의한 해석, 자기 발견적 판단 방법, 쉬운 방법, 어림셈 또는 지름길, 주먹구구식 사고법 등이 여기에 해당한다. 간편한 수단이라서, 합리적이지 못한 의사결정을 내릴 때 근거로 삼기 적합하다.

케네만(Kahneman)은 우리가 75개의 편향과 21개의 사회적 편향, 그리고 49개의 기억 오류를 추린 101개의 편향적 사고에 묻혀 살면서도, '나는 논리적·합리적으로 사고하는 사람이고, 나의 판단과 결정은 늘 합리적·이성적이므로 나의 주장과 생각은 옳다'고 믿는다고 지적하였다. 이러한 편향에서 행동 함정이 생겨나며, 이는 개인이 의사결정을 할 때 일상에서 반복적으로 갖게 되는 사고이며, 사회적 함정이다.

내가 틈틈이 그린 그림들을 모아 개인전을 열 당시, 신문에 인터뷰 기사가 실렸다. '유망 직종 좇지 말고 직업을 창조하라'는 제목 아래, 100세 시대에는 직업을 7~8번 바꾸고 90세 정도까지 일을 해야 하기 때문에 60대를 20대로, 80대를 40대로 보아야 함을 강조하는 것이 주된 내용이다.

일요일에 전시장에 있노라니, 내 인터뷰 기사가 실린 신문을 든 노신사가 나타났다. 등산복 차림을 한 그는 인터뷰 기사와 그림을 번갈아 보며 꼼꼼하게 관람하고 있었다. 내 인터뷰 기사를 본다는 것은 일하고 싶은 욕망을 드러낸 것이며, 등산복을 입었다는 것은 일을 하고자 하나 세상이 받아 주지 않는다는 마음을 나타낸 것이다.

이렇게 판단한 나는 그가 전시장을 나가려고 발길을 돌릴 때, "직업 상담가인데 선생님과 이야기를 나누고 싶습니다. 선생님은 어떤 분이시죠?"라며 인사를 건넸다. 그러자 그는 자신이 60세 초반이며 대기업 임원으로 퇴직하였다고 소개하였다. 내가 조언을 해도 되겠느냐고 묻자 흔쾌히 승낙해 주었다. "선생님, 당장 집에 가셔서 등산복을 벗고 임원 시절의 정장으로 갈아입으세요."

순간 그는 마치 시간이 멈추기라도 한 것처럼 한동안 움직이지 않았다. 그리고 깊숙이 고개를 숙여 인사하고 전시장을 떠났다. 그는 퇴직자라면 '남는 게 시간'이니 등산이나 해야 한다는 편향적 사고로 인해 행동 함정에 빠져 있었다. 그는 일하고 싶은 욕망을 자기 마음 깊숙이 감추고 있었기에 매몰된 생각에서 벗어날 수 없었던 것이다.

오래전, 울릉도를 여행할 때의 일이다. 태하령의 높은 재를 넘으려다가 혼자 가기 어려워 망설이고 있었다. 마침 커다란 등산 배낭을 짊어진 남자 분이 눈에 띄었다. 울릉도에 머문 며칠 동안 이분과 여기저기서 마주쳤는데, 가득 찬 등산 배낭은 여전하였다.

결국 재를 넘기로 하고, 이분을 앞서거니 뒤서거니 하다가 옆에 다가가서 말을 걸었다. "선생님! 너무 오래 생각하지 마세요."

크게 놀라서 경계하는 눈빛으로 쳐다보는 그에게 나는 다시 말을 건넸다. "고민을 지나치게 오래 하면 답과 멀어지지요."

재를 넘고 나서 식사를 같이하면서 그의 사연을 들을 수 있었다. 그는 서울에서 고등학교 교사로 있다가 한순간의 충동으로 사표를 냈다. 그리고 나니 그렇게 좋은 직장도 없었고, 다른 직장을 구하는 것이 너무나 요원하기만 하였다. 그는 자신의 충동적인 결정을 용서할 수 없어서 3개월 동안 전국을 여행하던 중인데, 나의 한마디 조언이 다음 날 배를 타고 서울로 가도록 그를 이끌었다. 그는 잘못을 저지르면 충분한 대가를 치러야 한다는 편향으로 인해, 그 다음으로 나아가지 못하는 행동 함정에 빠져 있었다. 이처럼 함정에 빠지면 스스로의 힘만으로 빠져나오기가 어렵다.

고용센터에 있는 직업상담원이 이러한 일화를 들려주었다. 어느 날, 말쑥한 양복 차림의 신사 분이 오전 9시 정각에 들어오더니, 한쪽 모퉁이에 자리 잡고 앉아서 실업자들에게 직업상담을 해 주었다. 그분은 고용센터 직원처럼 정시에 출퇴근하였는데, 반년이 지나도록 단 하루도 결근하지 않았다. 그는 하얀 와이셔츠, 칼날 같은 바지주름, 반짝이는 구두 등, 옷차림 어느 하나도 흐트러짐이 없었다.

이렇듯 단정하고 성실한 모습에 깊은 인상을 받은 직업상담원들이 사업주들에게 그의 취업을 부탁하였으나, 고령이라는 이유로 번번이 거절당하였다. 그러다가 직업상담원이 '반년 동안 한결 같았던 정시 출퇴근'의 태도를 강조하였더니 한 곳에서 채용 제의가 왔다. 이와 같이 직장을 잃었을지라도 언제든지 취업할 수 있는 상태를 유지하는 것이 중요하다.

야구 경기에 가면, 운동장 한쪽 구석에서 다음번 교체될 선수가 바로 뛸 수 있도록 자세를 연습하는 모습을 흔히 볼 수 있다. 이처럼 매일 출근할 수 있는 상태로 자신을 단련해 놓는 사람은 야구장에서 선수 교체 시 다음번에 바로 투입될 수 있도록 몸 상태를 끌어올리는 선수와도 같다.

재취업 자리를 찾고 있는가? 그렇다면 편향된 사고로 인한 행동 함정에서 빠져나와, 지금 당장이라도 다시 취업할 수 있도록 자신을 단련하는 것이 관건이다.

모호한 꿈은
화끈하게 포기하기

청소년 시절, 나는 신문이나 잡지에서 '장차 살고 싶은 집'의 사진들을 오려서 천정이나 벽면에 빈틈없이 붙여 놓곤 하였다. 이제 회상해 보니, 대저택에서나 볼 수 있는 아름다운 정원을 갖춘 그런 호화로운 주택들이었다. 그 당시에는 앉아서도, 드러누워서도 그 사진들을 보면서 '그 속에 내가 있다'는 상상에 절로 행복해졌다. 고등학교 때 담임선생님이 가정방문을 오셨다가 내 방을 보시고, '너는 참 즐겁게 사는구나.'라고 하셨다.

'꿈의 집'을 향한 나의 희망은 그 당시에는 간절한 바람이었다. 그러나 나중에 실제로 그곳들을 방문하여 확인해 보니, 정교한 설계와 오랜 공사 시간, 엄청난 비용이 드는 집이었다. 지나친 바람은 결국 서글픔을 불러왔다.

요사이 불현듯 우리는 네모 속에 갇혀 지내는 신세임을 깨달았다. 네모난 집, 네모난 방, 네모난 가구들, 그 속에서 늘 생활하면서 네모 속의 삶이 익숙해진 나머지, 결국 '네모 속에 갇히는 것'을 당연한 사실로 받아들이게 된 것이다. 어디 가나 네모 난 선들이 늘어서 있다. 어쩌다 네모가 아닌 선을 만날 때 그 신선함이 오래가는 것은 '네모 속에 갇히는 것'이 답답하기 때문이다. 아름다운 정원을 갖춘 집에서 살고 싶다는 꿈은 이제는 아련한 기억 속에나 존재하였다.

그러던 어느 날, 별안간 이 네모 밖으로 뛰쳐나가고 싶은 강한 충동에 집밖으로 나서게 되었다. 집 근처에 있는 예술의전당은 문화 공간이니 '네모'를 파괴할 색다른 무엇이 있을 거라는 생각에 발길이 그곳으로 향하였다. 아름다운 꽃잎들이 흐트러져 있어 사뿐히 즈려밟을 수밖에 없는 길이 나타나 별안간 황홀한 생각에 잠기게 하였다. 그뿐만 아니라 빼어난 카피라이터의 솜씨인 양 흔히 대할 수 없는 '문화에 관련된 세련된 문구'들이 눈에 들어와서, 순간적으로 고상한 문화인이 된 것만 같았다.

서울에서 만나기 어려운 기다랗고 저마다 특색을 갖춘 건물들에 둘러싸인 넓디넓은 광장에 들어서니, 세찬 바람이 기다렸다는 듯이 내 몸을 휘감아 휘청거리게 한다. 새벽에 가 보면 온갖 새들이 먹이를 찾느라 분주하고, 고양이가 어슬렁거린다.

광장을 내려다보는 국립국악원의 벤치에 앉아 있노라면, 국악의 선율에 맞추어 춤을 추듯 구름 속에 살포시 숨었다가 나오고 별안간 모습을 다 보여 주는 달이 눈에 들어왔다. 그날따라 '수퍼 문'이 뜬다는 밤, 달은 반쯤 얼굴을 가리고 있다가 한 곡조가 끝나도록 산등성이를 따라 움직이면서 자신을 드러내지 않으니 그 애절함이 배가 되었다. 춤추는 달을 보며, 애태우는 달을 보며 차를 마시다 보니, 정원이 있는 집을 꿈꾸던 그 시절의 바람이 어느덧 이루어졌음을 깨달을 수 있었다. 지금 그곳은 '나의 정원'이다. '나의 정원'은 늘 다른 기쁨을 주며 네모 속에서 고달팠던 마음을 위로해 준다.

어릴 적 가졌던 꿈은 지금 보면 황당하기도 하지만, 어쩌면 운명과 같은 한 줄기 바람을 한데 모은 것인지도 모른다. 나는 한때 선주가 꿈이라서 언젠가는 배를 사겠다는 결심을 아직도 버리지 못한 채, 바다를 그리워하고 배만 보면 환상을 갖고 쳐다본다. 30~40대에는 해야 할 일이 워낙 많아서 나에게 이러한 꿈이 있었다는 사실조차 기억하지 못하였다.

우리 사회가 학력주의 사회에서 능력주의 사회로 나아가야 한다는 주장에 힘이 실려서 '기능공의 중요성'을 강조하던 시절, 삼성중공업에서 작업반장 교육을 부탁받았다. 김해공항에서 헬기를 타고 남해안의 아름다운 절경을 보면서 삼성중공업에 도착하였을 때, 맨 먼저 눈에 들어온 것은 거대한 빌딩과도 같은 배였다. 그때 그 충격이란 이루 말할 수 없었다. 내 꿈, 선주가 되고자 하였던 꿈의 한 자락이 바로 눈앞에 현실로 나타났을 때 받은 충격은 지금도 심장을 때린다.

대학교수가 되어 있는 나 자신을 보고 '왜 선주의 꿈을 이루지 못했을까?' 하고 깊이 반성하였다. 선주가 되려면 배를 알아야 하고, 그러려면 이공계인 조선공학과에 진학하거나 배와 관련된 이력을 쌓아야 하였다. 그러나 나는 심리학과 상담심리학을 전공하였고, 연구원으로 근무하였으며 대학에서 강의를 맡고 있다. 삼성중공업에서 배의 실물을 본 후부터는 배를 사고자 하는 생각에 푹 빠져 있었다. 결국 '10만 톤급 화물선을 갖고자 했으나 60톤짜리라도 사 볼까.' 하는 생각에 배만 보면 기웃거리다가 결국 시간과 돈만 탕진하였다. 이처럼 집착은 행동반경을 구속하는 걸림돌이다. 모호하기 짝이 없는 꿈에 집착하다가 돈과 시간을 허비한 것을 후회한들 허망함만 남았다.

허망한 꿈을 좇는 자의 눈은 한편으로는 너무나 순수하다. 어느 날, 연구소에서 퇴직한 분을 길거리에서 만나 차를 마신 적이 있다. 그는 동화 같은 이야기에 이끌려 직장을 그만두었다고 하였다. 일제 강점기 당시, 패망 직전의 일본군은 재건 자금으로 이용하기 위해 중국과 만주 등지에서 문화재와 금괴를 약탈하였다.

그러던 중 연합군이 해상을 장악하여 보물 운반이 어려워지자, 우리나라 어딘가에 이를 숨겨 두었거나 일본 본토로 운반 도중에 배가 침몰했다는 설이 돌았다. 이 보물은 그 당시 일본군 사령관이었던 야마시타 도모유키의 이름을 따서 '야마시타 보물', '야마시타 골드'라고 불린다. 보물이 묻혀 있다고 추정되는 장소는 여러 군데지만, 여수 앞바다의 무인도에 20조 원 상당의 금괴가 매장되어 있다는 설이 가장 유명하다. 그는 이 보물 탐사 프로젝트를 위해 직장을 그만둔 것이다.

그는 독일의 최첨단 장비를 들여와 여수 근처에서 보물섬을 찾는 프로젝트를 수행하고자 여러 사람이 투자하였다며, 이를 실행하는 계획을 구체적으로 설명하였다. 그러고 나서 1년 남짓 지났을까? 여수 앞바다에 수몰됐다는 보물 발굴 작업은 성과가 없다는 보도를 접하였다.

그 순간 그분의 해맑은 눈빛이 떠올랐고, 보물이 가져다줄 부귀영화에 매료되어 환희에 차 있던 목소리가 기억났다. 그 후로 그분이 생활고를 겪고 있다는 소문이 들려왔다.

인간이란 원래부터 허망한 꿈을 좇는 존재인지도 모른다. 그렇기 때문에 멋이 있다. 보물선을 찾고자 하는 욕망에는 모험을 즐기는 인간의 본성이 담겨 있다. 숱한 탐험가와 몽상가들이 꿈을 좇느라 일생을 바쳤다는 이야기가 전설처럼 전해 오는 것도 이러한 이유에서이다.

우리는 평생 몇 가지 바람과 꿈을 가질까? 40대가 지나서 돌이켜 보면, 언제 품었던가 싶은 꿈도 있지만 영영 사라지지 않는 꿈도 있다. 이룰 수 없는 꿈이라면, 내 길이 아니라면, 과감히 포기할 줄도 알아야 한다. 내가 현실 속 '나의 정원'을 찾았듯이 그 꿈을 이룰 수 있는 다른 방법을 모색하는 것도 좋다.

포기도 선택이다. 포기하는 지혜를 갖기란 현명한 선택만큼이나 어렵다. 포기하면서도 의연함을 잃지 않으려면 꿈 프로젝트를 튼튼하게 구상하여야 한다.

정지하지 말고
끊임없이 움직이기

한명회(1415~1487)는 욕망을 가지고 일생동안 끊임없이 활동한 인물이다. 관직에서 물러난 뒤에도 변함없었던 그의 욕망을 보여 주는 것이 유명한 정자인 '압구정'이다. 말년에 갈매기와 더불어 한가롭게 지내고자 한강 변에 정자를 지었으니, 겉으로 보기에는 이상적이고 아름다운 풍경이라고 여길 수도 있다. 그러나 한명회는 '은퇴' 이후에도 권좌에 미련을 두고 딴마음을 품었다. 정자를 기점으로 사대부나 중국 사신들과 교류하면서 부원군 자격으로 여전히 정사에 참여하였다. 그래서 사람들은 압구정을 가리켜 자연과 벗하는 곳이 아니라 권력과 벗하는 곳이라며 비웃었다(이용헌, 2013).

한명회는 어려서 '칠삭동이'라는 별명으로 불렸다. 야사에 따르면,

그의 외모는 얼굴 아래가 너무 넓게 퍼지고, 위는 좁고 뾰족하여 마치 손으로 잡아 늘인 듯 길쭉한 데다. 주먹코에 눈은 크고 눈동자가 바로 잡히지 않은 사팔뜨기로 지극히 못생겼다고 한다. 또한 글을 읽어서 학업을 쌓았으나 여러 번 과거에 낙방하자, 주변에서는 그를 위로하거나 비웃었다. 그럴 때마다 그는 "궁달(窮達)은 다 때가 있는 법인데 사군자(士君子)가 되어서 어찌 부유(腐儒), 속사(俗士)들의 말 한마디에 실망하고 비통하기를 즐겨 하겠는가?"라며 개의치 않고 웃어넘겼다.

오래 과거를 보지 않다가 뒤늦게 여러 번 응시했지만, 번번이 낙방하고 가세도 기우는 바람에 불우한 청년기를 보내야 하였다. 서른 후반이 되도록 제1단계 과거에도 붙지 못했으나, 1452년(문종 2년) 음보(蔭補)로 처음 출사하여 38세에 개성에 있는 경덕궁 직의 벼슬을 얻었다. 이듬해 수양대군이 일으킨 쿠데타인 계유정난(癸酉靖難)에서 모사(謀士)로 활약하여 조선 정계의 실세로 화려하게 데뷔하였다.

대단한 것은 세조(수양대군, 1417~1468)에서 예종(수양대군의 차남, 1450~1469)으로, 예종에서 성종(수양대군 장남의 차남, 1457~1494)으로 왕이 바뀔 때마다 한명회의 권세가 한층 더 강해졌다는 점이다. 그의 부귀영화가 어느 정도였는가를 상징적으로 보여 주는 일화가 있다.

한명회는 예종과 성종의 장인이었다. 연달아 두 왕의 장인이 된 사람은 조선 왕조에서 한명회뿐이다. 그는 네 차례나 공신으로 책록되어 많은 토지와 노비를 상으로 받았다. 그는 죽어서 천안시 수신면에 묻히는데, 왕은 이 무덤에서 보이는 땅을 한명회에게 하사하였다. 그 당시 백성들이 한명회 묘비 앞에 구멍을 낸 석등을 설치하여 그 구멍으로 보이는 땅을 갖도록 했다는 이야기도 전해진다. 이렇듯 영욕으로 점철된 한명회의 삶은 '욕망의 쉼 없는 끝'을 확인시켜 준다.

'립스틱 바르는 94세 의사, 9시 출근해 병실 회진…… 100세 현역 어찌 꿈이랴'(조선일보, 2020.1.15, 김민철 선임기자, 원문 재편집)는 쉬지 않고 열정적으로 활동하는 의사를 소개한 특집 기사이다. 매그너스 요양병원의 한원주 내과 과장은 1926년생으로 올해 94세이다. 그녀는 검은색 펜슬로 눈썹을 그리고 입술엔 립스틱을 엷게 바르면서, "출근하는 사람이 화장하는 건 당연하다."라고 하였다.

한원주 과장은 1949년 경성의학여자전문학교(고려대 의대의 전신)를 졸업하고, 산부인과 전문의인 남편과 미국으로 유학을 가서 내과 전문의 자격을 취득하였다. 귀국해서 남편과 함께 병원을 운영하던 중, 남편이 사망하여 병원 문을 닫았다. 그 후 의료선교의원을 운영하면서 어려운 환자들을 무료로 진료하다가 12년 전에 은퇴를 하였다. 그때가 83세였지만, 요양병원으로 옮겨 2008년부터 12년째 이 병원에서 근무하고 있다.

한원주 과장은 오전 9시에 출근해 하루 20여 명의 환자를 둘러보고 처방을 내린다. 그녀는 "오전에 회진하고 환자 증상을 컴퓨터에 입력하며 오후에 이러한저런 일을 처리하는데, 페이스북 열어 볼 시간이 없을 정도로 바쁘다."라고 하였다. 그녀의 건강 비결은 끊임없이 움직이는 것, 바쁘게 활동하는 것이다. 그녀는 지금 요양병원과 종신 계약을 맺은 상태이다.

2016년 공무원으로 퇴직한 민사억 씨는 퇴직 이후의 삶을 고민하다가 앞으로 20년 정도 더 일하려면 기술을 배우는 게 낫겠다고 판단하였다. 그는 정년을 맞고 나서, 또는 명예퇴직한 뒤에 산하 기관으로 자리를 옮긴 옛 동료들이 고작 1~2년 더 일하다 그만두는 것을 보고 더욱 확신이 들었다. 그는 기술을 배운다는 것은 결코 쉬운 일이 아니었으나, 옛 동료의 추천으로 한국폴리텍대학에서 그해 초부터 4개월 동안 기계 가공 교육을 받았다.

우려했던 대로 취업 문턱이 높아, 환갑이 넘은 민 씨를 채용하겠다는 기업은 좀처럼 나타나지 않았다. 그러나 그는 다행히 담당 교수의 도움으로 기업에서 2개월간 수습 생활을 할 수 있었다. 이때 얻은 기회를 놓치지 않은 민 씨는 그해 8월 정식으로 채용되어 선반 보조 일을 하고 있다. 처음에는 손 마디마디가 쑤시고 몸살까지 났지만, 새로 시작한 일은 그에게 삶의 활력소가 되었다(경인일보, 2017.10.16, 제11면, 임승재 기자, 원문 재편집).

몇 년 전, 차장 직급의 은행원이 직장을 그만두고 싶다고 상담을 청해 왔다. 그녀를 보니 천상 은행원 이미지였다. 「직업카드 분류 150」

검사 결과도 '은행원'이 가장 적합한 직업이라는 판정이 나왔다. 그녀가 직장을 그만두려는 이유는 첫째, 늦게 결혼하여 어린 자녀가 있는데 시어머님의 건강이 좋지 않아 자녀 양육이 어려운 점, 둘째, 입사 동기이면서 자기 바로 밑에 있는 직원이 사사건건 물고 늘어지는 태도를 보이는 점, 셋째, 직장에서 자꾸 변화하라고 요구해서 압박감을 느끼는 점 때문이었다.

나는 먼저 차장 직급이면 월급이 상당한데 은행을 그만둘 경우 가정 경제에는 여유가 있느냐고 질문하였다. 그녀는 자신의 월급이 남편보다 많기 때문에 그렇지 않다면서 순간 머뭇거렸다. 그렇다면 자녀 양육을 시어머니가 전담하되, 보조 인력을 활용하면 어떠냐고 제의하였다.

그리고 입사 동기의 업무 태도를 다시 해석하면서, 만약 입사 동기가 직속 상사라면 그녀 역시 그런 식으로 행동할 것이라고 하였다. 직원들 앞에서 입사 동기를 존중하고 우대해 준다면 그의 태도도 달라질 것이라고 조언해 주니 그녀는 이내 수긍하였다.

마지막으로 차장으로서 직원들을 볼 때 어떤 점이 안타까운지 예를 들려 달라고 요청하였다. 그녀는 '전산을 움직이는 경로가 복잡해서 그것을 잘 알지 못하는 미숙한 직원이 대출을 희망하는 건실한 고객을 돌려보낼 때'라고 답하였다.

그래서 나는 대출에 관한 여러 가지 노하우가 담긴 전산 경로를 요약한 도표를 경우의 수대로 작성하고 코팅해서 링을 끼워 철을 한 다음 직원에게 나누어 주라고 조언해 주면서, '이것이 변화'라고 덧붙였다.

아직 1회기의 상담이 남아 있었지만, 사흘 뒤에 그녀로부터 모든 문제가 해결되어 상담을 종결하겠다는 연락이 왔다.

40~50대 이후에 퇴직을 대비하여 정지하지 말고 나아가려면, 3~5년 정도 준비가 필요하다. 필요한 준비가 모두 끝나고 나서 다음 길을 가야 안전하다. 그러므로 40~50대를 150세까지 연장하기 위해서는 정지하지 말고 나아갈 수 있는 원동력을 가동해야 하고, 이를 위해서는 변화가 반드시 필요하다.

아낌없이
나에게 투자하기

이 세상은 여러 가지 잣대로 '나'를 평가한다. 그 잣대는 대부분 냉혹하기 짝이 없기 때문에, 평가 결과를 듣기조차 민망할 때도 있다. 그러나 '나'의 평가에 대한 결과는 얼토당토하지 않은 게 아니라 내가 일말의 단서를 주었기에, 그러니까 조금이라도 빈틈을 보였기에 가능한 것이다. 우리는 남이 나를 긍정적으로 평가할 때는 기쁨을 맛보지만, 실력 없음을 적나라하게 보여 주는 평가 앞에서는 괴로움이 하늘을 찌른다.

유명한 오페라 가수 마리아 칼라스(Maria Callas, 1923~1977)는 어려서부터 어머니 손에 이끌려 억지로 노래를 불러야 하였다. 부대에 지나치게 집착했던 어머니 때문에 그녀는 성인이 되어서도 모친에 대한 반감이 높았다.

오페라 가수로 데뷔한 칼라스는 얼굴은 예뻤으나 뚱뚱한 체구 때문에 '젊고 매력적인 여주인공'을 연기하는 데 불편을 느꼈다. 이러한 열등의식 때문에 악착같이 30킬로그램 가까운 감량에 성공하여 순식간에 세계적인 스타 반열에 올랐다. 심금을 울리는 목소리에 아름다운 얼굴, 날씬한 몸매까지 모든 걸 갖춘 그녀는 세계적인 갑부 오나시스(Aristotle Onassis, 1906~1975)와 사랑에 빠져서 남편과 이혼하기에 이르렀다. 그러나 오나시스는 케네디 대통령의 미망인 재클린 케네디(Jacqueline Kennedy, 1929~1994)와 결혼해 버린다.

게다가 7년 뒤, 그녀는 급속한 감량의 후유증으로 목소리에 이상이 와서 공연을 중단할 수밖에 없었고 급기야 은퇴를 선언한다. 이후 파리에서 은둔 생활을 하던 칼라스는 53세라는 한창 나이에 심장마비로 사망하였다. 뛰어난 극적 표현과 완벽한 가창력을 지닌 그녀는 체중 감량 덕분에 각광받는 스타로 다시 태어났지만, 결국 그 대가로 목숨처럼 소중한 목소리를 잃어야 하였던 것이다.

다국적 인터넷 기업인 소프트뱅크의 창업자이자 최고 경영자인 손정의(1957~)는 2011년 〈포브스〉가 발표한 일본 최대 부자이다. 재일교포 3세인 그는 돼지를 길러 생계를 유지하였던 가정형편 탓에, 일본인 친구들에게 '돼지 냄새 나는 조센징'이라고 놀림을 당하였다. 그래서 17세 때 '인종차별 없는' 미국으로 건너갔고, 무서운 집중력으로 고교 과정을 2년 만에 조기 졸업하고 캘리포니아 대학 버클리 캠퍼스

(UC Berkeley) 경제학과에 들어갔다.

그는 19세의 나이에 이미 인생 50년 계획, 20대부터 60대까지의 비전을 세워 놓고 지금까지 실천해 왔다. 계획을 바꾼 적도 없고, 목표치를 낮추거나 달성하지 못한 적도 없다고 한다. 이는 "신중히 계획하되, 반드시 실행한다"는 원칙 덕분이다.

월터 아이작슨(Walter Issacson)은 〈스티브 잡스 평전〉의 머리말에서 잡스의 꿈을 이렇게 소개하고 있다.

"그는 어릴 때 인문학적 성향을 지니고 있었지만 전자 공학이 무척 마음에 들었다. 그래서 인문학과 과학 기술의 교차점에 설 수 있는 사람이 되고자 하였다."

나 역시 이러한 '인문학적 감각과 과학적 재능'이 강력한 인성 안에서 결합할 때 창의성이 발현된다는 데 동의한다.

창의성은 21세기에 혁신적인 경제를 창출하기 위한 핵심 열쇠이다. 21세기는 융·복합의 시대라서 이러한 재능의 소유자는 독창적인 분야를 섭렵할 수 있다. 잡스 또한 '개인용 컴퓨터(PC), 애니메이션, 음악, 휴대 전화, 태블릿 컴퓨팅, 디지털 출판'이라는 무려 6개 분야에서 혁명적 성과를 이루었다.

'인문학과 과학 기술의 교차점'에 서고자 한 잡스의 꿈은 그의 삶에서 엿볼 수 있다. 홈스테드 고등학교를 졸업하고 오리건주 포틀랜드의 리드 대학교에 들어간 잡스는 마약을 끊고 새로운 이상을 찾아 동양 철학에 심취하였다. 1년 만에 학교를 자퇴한 그는 고향인 캘리포니아로 돌아가서 '아타리'라는 전자 게임 회사에 취업하였다. 그러나 이마저도 그만두고 그는 수개월간 인도 북부 히말라야 일대를 여행하였다.

그리고 1976년 컴퓨터 회로 기판을 제조하는 회사를 공동 창업하였는데, 잡스가 한때 선불교 수행을 했던 사과 농장에 착안하여 회사 이름을 '애플'이라고 지었다. 이후 그는 새로움을 추구하고자 개발자로서 파격적인 행보를 이어 갔고, 세상을 바꾸는 혁신가로 거듭났다.

우리는 공부, 외모, 건강, 돈, 시간, 노력을 투입하여 최상의 상태로 자신을 가꾸고 있다. 대학생들의 취업 스펙 관리에서 보듯, 부족한 점은 보완하고 장점은 돋보이게 하기 위해 자신을 업그레이드하는 것이다. 아낌없이 자신에게 투자한 대가로 우리는 완전히 다른 '나', 새로운 '나', 경쟁력 있는 '나'를 얻고자 한다.

그런데 때로는 이러한 열망이 지나쳐서 삶의 균형을 이루지 못하는 경우도 생긴다. 미국에서 대학에 다니는 한국인 청년을 상담하였을 때의 일이다. 그는 작은 체구와 동양인이라는 장벽을 극복하고자 조정 경기에 몰두하여 대학 조정부의 주전에 뽑혔고, 다른 선수들을 이끄는 지도자가 되었다.

그러나 학업을 상대적으로 소홀히 하게 되어 어려움을 겪고 있었다.

상담 결과, 대학생의 본분보다는 한국인 유학생으로서의 장벽 극복에 훨씬 많은 시간을 할애한 것이 원인이었다. 이 두 가지를 모두 갖고 가기에는 신체적으로나 정신적으로 무리가 따르므로, '소극적인 조정 경기 참여와 적극적인 학업 정진'이라는 처방을 내렸다.

자신에게 투자할 때에는 자신의 가치, 성격, 흥미, 직업, 미래, 여가 등을 충분히 고려해야 한다. 자기가 어떤 사람으로 존재하고 싶은지 전체적인 모습을 그린 후에 시간, 시기, 방법, 투자액 등을 검토하여 실행해야 한다는 뜻이다.

지속적인 투자를 위해서는 자신을 냉철하게 평가해 볼 필요가 있다. 의외의 분야에 재능이 있는지, 현재의 능력에서 어떤 점을 보강해야 바람직할지 판단하기 위해서이다. 이때 자신의 꿈에 대해서도 다시 한 번 점검한다. 그 꿈이 이루어질 수 있는 것인지 여부, 불가능하더라도 반드시 이루고 말겠다는 의지 역시 점검이 필요하다. 이러한 과정을 거치면 어떤 면에 더 집중적으로 투자해야 할지 가늠할 수 있다.

작은 일이라도
봉사에 참여하기

스위스의 취리히 부근, 한 노인이 슈타인츠 거리를 걸어가고 있었다. 그는 때때로 허리를 굽혀 땅에서 무엇인가를 주웠고 그것을 자신의 주머니에 넣었다. 그때 뒤에서 경찰관 한 사람이 다가와서 물었다.

"여보시오. 당신, 땅에서 무언가를 주워서 주머니에 넣던데, 습득물은 경찰에 제출해야 된다는 걸 모르시오?"

"아무것도 아닙니다. 그리 대단한 건 아니에요."

그러자 경찰관은 언성을 높이며, 그것을 강제로 꺼내려고 하였다.

"그렇다면……."

노인은 주머니 속에서 유리조각을 꺼냈고, 경찰은 매우 의아해하였다.

"아이들이 밟아서 다치면 안 되지 않습니까?"

경찰관의 태도가 순식간에 달라졌다.

"당신은 도대체 누구십니까?"

"나는 거리 입구에서 고아원을 운영하는 사람입니다."

경찰관은 노인에게 경의를 표하며 용서를 구하였다. 노인은 오히려 실례하겠다며 돌아서서 걷기 시작하였다. 다시 길거리의 유리조각을 주우면서.

이 이야기의 주인공은 스위스의 교육자인 페스탈로치(Johann Heinrich Pestalozzi, 1746~1827)이다. 집을 잃은 고아들을 모아 교육을 시작했던 그의 순수한 교육적 이상과 겸손한 실천은 오랫동안 사람들의 마음에 깊은 여운을 남기고 있다.

2009년 신종플루, 2015년 메르스, 2020년 코로나19 등, 인간은 바이러스와 5~6년 주기별로 전쟁을 치루는 중이다. 그중 코로나19 바이러스는 전 세계를 강타하여 세계보건기구(WHO)가 2020년 3월에 팬데믹(pandemic, 세계적 대유행)을 선언하기에 이르렀다.

각국에서 코로나19 바이러스 확진자 수가 급증하면서 의료진의 헌신적 봉사에 대한 뉴스들이 이어지고 있다. 2020년 2월 대구에서 코로나가 창궐할 때, 그곳으로 봉사 활동을 가겠다고 자원한 의료인이 850명을 넘어섰다고 중앙재난안전대책본부가 발표한 바 있다.

한 명의 환자라도 더 완치하기 위해 최전선에 일하고 있는 의료진들은 레벨D 방호복을 입고 있다. 이 옷은 무게가 3킬로그램에 달해서 조금만 입고 있어도 온몸이 땀범벅이 된다. 거기에다 마스크에 고글까지 착용하여 숨쉬기조차 쉽지 않는 상태에서 환자를 돌보고 있다. 장시간 고글을 끼는 바람에 수많은 의료진의 얼굴 피부가 짓물러 온통 반창고 투성이인 모습도 언론에 소개되곤 하였다.

이러한 의료진의 헌신에 존경과 감사를 보내는 '덕분에 챌린지'라는 국민 참여 캠페인이 진행되고 있다. '존경'과 '자부심'을 뜻하는 수화 동작 사진이나 영상을 올리고, '#덕분에캠페인', '#덕분에챌린지', '#의료진덕분에' 이렇게 세 개의 해시태그를 붙이는 캠페인이다.

내가 대한YWCA연합회(이하 Y연합회)와 인연이 닿은 것은 여성의 직업이 중요한 이슈로 부상했던 1980년 후반의 일이다. 그 단체에 대한 첫인상은 '이해할 수 없는 집단'이라는 것이었다. 그들은 12시에 회의를 하면서 식사는 회의 전에 시작하였다. 시작 전에 기도를 올리고, 맛있는 식사를 만들어 주신 분에게 감사 인사를 하며, 서로 그동안의 일들을 물으며 안부 인사를 주고받았다. 이러한 과정이 끝나고 나서야 회의를 시작하는 모습은 나에겐 너무나 생소하였다. 급히 회의 시간에 맞추어 들어가 회의를 하고 끝나기 무섭게 회의장을 빠져나와야 했던 나의 일상과는 거리가 멀었기 때문이다.

나는 이렇게 Y연합회의 일을 시작했고, 식사 시간조차 아까울 정도로 열심이었다. 회의를 시작하면서 식사하는 동안에는 아무 말도 없다가 회의를 시작하자마자 많은 의견을 제시하는 내 모습을 그들은 이상하게 여기는 듯하였다. 그러거나 말거나 시간이 되면 회의에 참석하기를 1년 정도 지나자, 여기가 봉사 단체이고, 봉사하고자 하는 여성들의 진심 어린 모습을 간과하였음을 알게 되었다. 더군다나 나보다 나이가 많은 간사분이 커피를 좋아함을 알고 자리에 앉자마자 커피를 정성껏 가져다주며, 회의를 마치고 떠날 때 문밖까지 나와 인사를 하는 모습에 의아해했고, 나중에는 내가 이 정도 대접을 받아야 하나 의구심이 들었다.

또 나는 심한 충격에 빠졌다. 이들의 진심에서 나온 봉사 활동이 이기적이었던 나에게 큰 교훈으로 다가왔으며, 이 세상에 태어나서 한 번도 봉사 활동을 하지 않았다는 부끄러움에 고개를 들 수 없었다. 그리고 결심하였다. 아무리 바쁘더라도 Y연합회에서 요구하면 되도록 회의에 참석하기로. 이는 Y연합회를 통해 봉사 활동에 참여함으로써 대한민국 여성들에게 조금이라도 보탬이 될 것이라는 확신을 가졌기 때문이다. 그때 봉사 정신의 의미를 알려 준 스승이 대한YWCA연합회 차경애 회장이시다.

21세기에 들어서도 미국 국민들이 커다란 쓰레기봉투에 분리되지 않은 쓰레기를 과감하게 넣는 모습을 보고 우리는 아연실색하곤 한다. 우리나라는 1991년에 쓰레기 분리수거를 의무화하였고, 1995년 1월 1일 쓰레기 종량제를 전국에서 일제히 실시한 것과 동시에 분리배출 제도도 시행하였다.

20여 년이 지난 지금, 쓰레기 분리수거는 점점 세분화되고 엄격해져서 한국의 쓰레기 재활용률은 재활용 및 퇴비화 59%, 에너지 재활용 24% 등 총 83%가 재활용되고 있다. 이는 경제협력개발기구(OECD) 국가 전체에서 10위에 해당한다.

국민 개개인이 자신의 시간과 노력을 들여 봉사한 덕분에 '자원의 재활용'이라는 값진 결실을 가져올 수 있게 된 것이다. 봉사는 결코 멀리 있지 않고, 반드시 거창해야 할 필요도 없다. 이와 같이 쓰레기 재활용 분리배출에 최선을 다한다면, 이 또한 일상생활 속에서 봉사 활동에 참여하는 게 아닐까.

잃어버리는 것을 받아들이기

논문 지도를 신청한 대학원생들이 너무 많아서 결국 6개월 동안 토요일과 일요일에 아침 일찍부터 밤늦게까지 논문을 봐 주기로 한 적이 있다. 학생들에게 야단을 치며, 칭찬을 해 가며 반년을 함께 보내다 보니, 미운 정, 고운 정이 들어서 이들이 졸업하고 나면 어떻게 살까 걱정할 정도였다. 그러나 이들이 졸업하자마자 새로운 학생들이 자리를 차지하고 눈빛을 반짝이는 것을 보니, 이전 학생들이 졸업하여 내 곁을 떠나면 외로울 거라는 걱정은 사치에 불과하다는 것을 깨달았다.

국회의원 선거에서 낙선한 사람의 이야기는 상실의 아픔을 단적으로 보여 준다. 그는 500여 개의 마을을 돌며 낙선 인사를 할 때에는 자신의 처지를 깨달을 수 없었다고 하였다. 하지만 모든 것이 정리되고 나서 집에 우두커니 있노라니, 한꺼번에 여러 감정이 밀려와서 깊은 자괴감의 늪에 빠졌다고 고백하였다. 다행히 칩거하는 대신에 힘든 상황을 분연히 떨치고 사람들 속으로 들어가는 것을 선택하였더니, 새로운 사건들이 생기면서 차츰 이겨 낼 수 있었다고 하였다.

1930년대, 오스트리아의 작은 도시인 마리엔탈은 1929년 미국에서 시작된 대공황의 여파로 구성원 전체가 실업 상태에 빠진 적이 있다. 사회학자들은 이 도시를 관찰하고 나서, 실직으로 인해 이곳 사람들은 자기 효능감, 소속감, 규칙성 등 일과 관련된 사회적 혜택을 상실했을 뿐만 아니라 여가를 즐길 여력도 잃어버렸다고 결론을 내렸다(안재진 역, 2005).

이 나라 경제 발전의 주역인 베이비부머들은 여태까지 누렸던 기득권을 상실하는 '퇴장 시간'이 다가오자, 분노와 아픔을 경험하고 있다. 그들은 쉬지 않고 일한 대가치고는 너무나 야박하다고 생각한다.

직장을 잃어버린 사람은 정년, 명예퇴직, 구조 조정 등의 과정을 거치면서 무력감, 상실감, 불안감에 휩싸여 '퇴직 쇼크' 상태에 놓인다. 이처럼 일이 없이 한가한 상황에서 사람들은 그전과 같은 생활을 유지하고자 할 때 따르는 직접적인 위협, 개인 생활 반경의 급격한 감소와 목표 및 방향성 상실, 생산적인 활동에 대한 의욕 상실, 의사결정 범위의 제한, 사회 참여와 자기실현의 기회 상실, 심리적으로 고통스러운

일의 증가, 미래에 대한 불안감, 대인관계의 접촉 범위 제한, 사회적 위치의 변화, 가족과의 관계 악화 가능성 등의 행동 특성을 보인다.

〈브리티시 메디컬 저널〉이 발표한 자료에 따르면, 54개국에서 자살한 남성의 수가 2009년 한 해 동안 약 5,000명이나 늘어났다. 특히, 이 기간 동안 미국과 캐나다의 남성 자살률은 전년 대비 약 9% 가까이 급증한 것으로 조사되었다. 이와 함께 폴란드와 헝가리, 리투아니아의 경우 같은 기간 동안 남성 자살률도 13.3%로 높게 나타났다. 북미와 남미에서 가장 많이 자살한 연령대는 45~64세이다(홍한률, 2013, www.ajunews.com).

우리나라의 자살률은 1990년대 IMF 외환 위기 전후로 급증하여 최근까지도 증가 추세에 있다. OECD 회원국(표준 인구 10만 명당 평균 12.9명) 중에서 가장 높은 33.5명(2010년 기준)을 기록했을 뿐만 아니라, 자살 증가 속도 역시 가장 빠르다.

우리 국토 최남단에 있는 마라도는 섬 전체를 도는 데 30여 분 걸리는데, 섬 한쪽에 흔들거리는 말뚝에다 줄을 걸어 놓았다. 전체가 절벽 같은 형상을 한 마라도에서 유독 이곳에만 줄을 쳐 놓은 이유는 이렇다. 자살을 시도하다가 제주도까지 내려온 사람들은 제주도에서도 자살에 실패하면 땅끝 마라도까지 와서 자살하곤 하였다. 그래서 제주도는 이를 방지하기 위하여 흔들거리는 줄이라도 쳐 놓았더니 자살률이 줄어들었다고 한다.

흔들리는 줄 하나가 그들의 굳은 결심을 가로막았다는 게 너무나 신기하였다. 한편으로는 그 지경이 될 때까지 어느 누구에게도 자신의 마음을 위로받지 못한 그들이 안쓰러웠다. 아마도 그들은 상실에 대한 아픔을 치유하지 못하여 극단적인 최후까지 생각하였던 것이리라.

인간에게 가장 큰 스트레스는 자식을 잃는 것이다. 자식을 가슴에 묻는 것은 그 상황에 놓여 보지 않으면 상상할 수 없는 아픔이다.

출산과 함께 아이를 잃은 한 여성은 자신이 다음번에도 살아 있는 아이를 낳지 못할 거라는 공포에 사로잡혀 있었다. 그래서 다른 여성들은 어떻게 살아 있는 아이를 낳을 수 있는지 알고 싶어 하였다. '키우느라 정이 들기 전에 일찍 아기를 잃은 게 오히려 다행'이라는 사람들의 위로에 그녀는 냉랭한 태도를 보였다. 그러나 두 번째 아기를 무사히 낳아 기르면서 비로소 첫 아기에 대한 상실감을 잊어버릴 수 있었다고 하였다.

젊음이 사라져 간다는 것을 인정하지 않는 태도는 노화를 더 재촉하는 격이다. 노화는 잘난 사람과 못난 사람, 부자와 가난한 자 할 것 없이 모두에게 공평하게 찾아오는 현상이다.

나는 20대 무렵, 40대가 되면 어떻게 살까 걱정한 적이 있다. 그러나 막상 40대가 되니 40대만이 가질 수 있는 꿈과 멋이 있었다. 40대의 눈으로 바라본 60대는 고령자, 늙음, 죽음과 연결되어 있었다. 하지만 막상 60대가 되니 노화는 마음의 생각에서 비롯되고, 죽음은 내 생각보다 훨씬 더 멀리 있다는 것을 깨달았다.

노화의 자연스러움을 부정하기 위해 성형이라는 극단의 조치를 취하는 사람들도 있다. 이들은 노화를 어색한 것으로 만들고 있는 격이다. 나이가 든다는 것은 연륜이 깊어 간다는 것이다. 우리는 그만한 연륜을 얻었다는 것을 감사하고 즐겨야 한다.

젊음을 상실해야 노년이 오고, 독신을 상실해야 가족을 얻는다. 상실의 순리를 받아들이는 것은 인생의 깊이를 깨닫는 것이다. 살다 보면 누구나 크든 작든 상실의 아픔을 경험하기 마련이다.

상실의 아픔을 현명하게 이겨 내려면 색다른 훈련을 해야 한다. 자신이 직면한 상실이라는 상황에서 벗어나 아주 다른 환경으로 이동하거나, 다른 일에 몰두하거나, 사람들 속으로 용감하게 걸어 들어가는 것이다. 이러한 과정을 겪다 보면, 어느새 상실의 아픔을 거두고 평온한 일상으로 복귀할 수 있다.

해는 지더라도 내일 다시 떠오르고, 겨울이 깊어지면 어느덧 봄이 다가온다. 이 같은 대자연의 순환 원리는 우리 인생이 상실과 얻음의 연속선상에 놓여 있음을 알려 준다.

단순하게 생각하고 과감하게 실행하기

인간은 하루에 5만 번의 의사결정을 거쳐서 행동한다. 너무나 일상적인 것들은 시행착오에 의한 경험에 의하여 무의식적으로 이루어지고 있어 실수의 폭이 좁다. 하루 동안 잠시라도 고민하여 결정하는 것은 200번에 이른다 한다. 그러나 배우자를 선택하는 것, 직업을 선택하거나 전환하는 의사결정처럼 시행착오에 의한 경험이 무색한, 일생에 한두 번 일어나는 사건들도 있다. 이러한 관계로 결혼과 직업은 신중함과 진지함을 요구하고 있으며, 의사결정에 대한 책임을 일생 동안 지고 가야 하는 운명적인 것이다.

인간이 의사결정을 내릴 때 자주 나타나는 오류를 보면, 깜짝 놀라게 된다. 가령 "사람을 죽이는 일은 나쁜 일입니다. 사형에 찬성하십니까?", "인류에 해악을 끼치는 자를 제거하기 위해서입니다. 사형에 찬성하십니까?"라는 질문에 대해 아마도 사람들은 질문자의 의도대로 "예."라고 답할 것이다.

또 다른 실수는 처음 예측에서 벗어나지 못한다는 것이다. 동상의 무게를 예측할 경우, 처음 예측이 100킬로그램이라면 다음 예측 역시 100킬로그램에서 크게 벗어나지 못한다. 그뿐만 아니라 인간은 자기가 전문적인 분야에 대해 자만하는 경향이 있다. 우주 왕복선 챌린저호의 경우, 미 항공 우주국(NASA) 전문가들은 분사 로켓의 고장 확률이 10만 분의 1이라고 하였지만, 실제로는 57분의 1이었다.

사람들은 의사결정을 내릴 때 곤란을 겪는다. 너무 좋은 안이 많아도, 완벽한 답을 얻으려고 해도, 실패하지 않으려고 해도, 타인의 기대에 부응하려 해도 어려움을 느낀다. 그리고 가장 적합한 의사결정을 내리고 나서도 과연 그리 될 수 있을까 불안해한다.

그뿐만이 아니다. 사람들은 무언가를 선택하고 나면, 자신이 지혜로운 선택을 했는지, 목표 달성을 하기에 자신의 능력은 충분한지 회의를 품게 되는 것이다. 하지만 이 세상에 완벽한 선택이란 없으므로 회의가 드는 것은 지극히 정상이다. 이때, 모든 변화에는 위험이 따르기 마련이라고 스스로를 납득시켜야 한다.

스스로 혼자 선택해야 한다는 것은 무척 두려운 것이다. 그러나 곧 선택은 조정될 수 있고 수정할 수 있는 영원한 것이 아니라는 생각에 두려움에서 벗어날 수 있다. 그러므로 여전히 다른 선택을 할 수 있다는 생각은 마음을 훨씬 편하게 한다.

의사결정을 내릴 때 경제적인 요인은 반드시 고려되어야 한다. 가령, 종이를 만드는 원료가 나무이므로, 푸르른 숲을 보호하기 위하여 폐지 활용 운동을 전개하였다. 그러나 많은 세월이 지난 후, 실제 숲을 관찰하였더니 나무가 감소한 것이다. 이는 종이를 만들기 위하여는 나무의 가치가 높기 때문에 돈을 벌기 위하여 지속적으로 나무를 심는다는 인간의 행동을 간과한 것이다.

또 한 예를 보자. 우리나라는 부존자원이 부족하여 부가가치가 높은 인력을 자랑하였다. 그러나 1960년대부터 가족계획을 추진하고 지금에 이르러 어느 세계에서 찾아볼 수 없는 급격한 인구의 고령화, 그리고 낮은 출산으로 이어지고 있다. 그럼, 우리가 자랑하는 인력은 어디에 있는 것인가? 결국 이 점은 현실에 집착하지 말고 멀리 미래를 내다보고 의사를 결정하는 것에 대한 중요성을 대변한다.

생각만 많고 행동은 느린 사람은 결단코 성공할 수 없다. 과감한 결단력이 있어야 삶은 역동적으로 움직인다.

'김병숙 잡앤멘탈 클리닉'을 개원한 지 19년이 지났는데, 손님 중에는 우유부단한 성격이 가장 많다. 우유부단함의 원인은 여러 가지로, 먼저 '실패에 대한 공포'를 들 수 있다. 실패가 두려울 때, 사람들은 실패할 확률을 낮추기 위해 아무것도 하지 않으려 들기 때문이다.

다음으로 '타인들의 영향'도 중요하다. 이들은 자신의 의사결정이 다른 사람의 삶에 미칠지도 모르는 부정적인 결과를 두려워하고 죄의식을 갖는다. 또는 다른 사람이 그의 결정을 인정하지 않는 것이 두렵기도 하고, 조롱이나 관계 단절 같은 것을 통해 어떤 식으로든 자신에게 해를 끼칠지도 모른다는 불안감을 갖게 된다.

셋째, 완벽하려는 욕구이다. 이는 융통성 없고 완벽하려는 욕구는 우유부단의 일반적인 이유이다.

넷째, 성급한 결정 내리기이다. '조급한 의사결정자'라고 불리는데 의사결정 과정을 피해 가고 싶은 유혹을 받는다.

다섯째, 우유부단함에 대한 강화이다. 우유부단하여 의사결정을 못하는 경우, 의사결정을 미루고 얼마나 오래 이러한 상황을 지속하도록 방치할 것인가, 언제 이러한 강화를 포기하는가를 스스로 결정할 수 있는가, 시간이나 우연 또는 다른 사람들이 하도록 내버려둘 것인가'이다.

여섯째, 다재다능에서 온다. 다양한 분야에 관심과 능력을 보이는 매우 뛰어난 사람들의 우유부단함은 다재다능함에서 나온다. 즉, 어떤 직업들도 최고의 것으로 두드러지지 않아서 어떤 직업을 선택하여도 만족할 수 없게 된다.

일곱째, 좋은 대안의 부재이다. 가장 심각한 우유부단함의 이유는 좋은 대안이 없다는 것이다.

그러므로 우유부단함을 떨치려면 문제를 단순화하여 과감한 결정을 내려야 한다. 이는 문제의 핵심에 입각한 결정으로서, 부수적인 요인들을 제거한다면 핵심을 발견할 수 있다. 물론 천성적으로 우유부단한 사람도 있다. 다재다능한 사람과 완벽을 추구하려는 사람의 성격 구조 상 우유부단할 수밖에 없다. 이를 위하여 의사결정 훈련을 단계별로 접근하여 이를 습관화한다면 천성적인 우유부단함도 이겨 낼 수 있다.

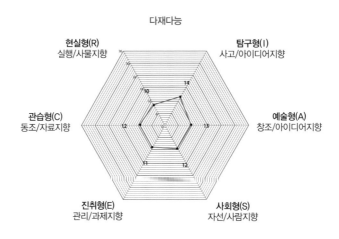

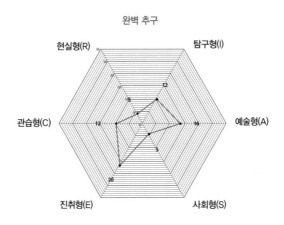

건강을 최우선으로
실천하기

지금으로부터 2,400여 년 전, 스물한 살의 나이로 진(秦)나라 왕이 된 진(秦) 효공(孝公) 영거량(嬴渠梁, 기원전 381~기원전 338)은 부국강병과 웅대한 야망을 품고 있었다. 몇 세기 후, 전한의 유명한 정치가 가의(賈誼)는 〈과진론(過秦論)〉에서 진 효공을 가리켜 "천하를 보자기로 감싸듯이 차례대로 평정하고, 자루에 물건을 주어 담아 주둥이를 매듯이 사해를 자기 것으로 만들어서 멀고도 너른 팔방의 땅을 집어삼킬 마음을 품었다."라고 평가하였다. 원대한 포부를 실현하기 위하여 쉬지 않고 일한 까닭에, 진효공은 한창 나이인 44세에 병으로 숨을 거두면서 "하늘이 나에게 큰 포부를 주었지만 기회는 주지 않는구나."라며 통탄하였다고 한다.

그로부터 117년이 지난 기원전 221년, 진의 시황제가 중국을 최초로 통일하면서 진 효공의 원대한 꿈은 비로소 실현되었다. 그런데 시황제는 '늙지 않고 영원히 사는 꿈'에 집착한 나머지, 세계 곳곳을 뒤져서라도 불로장생의 영약을 찾아오라는 명을 내렸다. 거대한 역사의 흐름을 이끌었던 그는 평생의 소원을 끝내 이루지 못하고 49세에 수은 중독으로 사망하고 말았다. 진정한 무병장수의 길은 '삶에 대한 무모한 집착'이 아니라 '삶의 여유를 즐기는 것'에서부터 온다는 평범한 진리를 몰랐던 것이다.

이렇듯 원대한 야망도, 위대한 업적도, 영원해야 한다는 염원도 건강 앞에서 하나같이 무릎을 꿇었다. 우리는 건강에 관하여 많은 충고를 접하지만, 그 말의 뉘앙스를 잘 알고 있다는 생각에 한쪽 귀로 흘려듣곤 한다. 예컨대 담배 갑에는 "경고: 흡연은 폐암 등 각종 질병의 원인! 그래도 피우시겠습니까? 담배 연기는 발암성 물질인 나프틸아민, 니켈, 벤젠, 비닐 크롤라이드, 비소, 카드뮴이 들어 있습니다."라는 경고문이 쓰여 있다. 그러나 애연가들은 이 문구가 으레 있는 것이라 여겨서 그 의미를 간과한다.

애연가들의 행동을 분석한 연구(gyj@asiae.co.kr)에 따르면, 주위 사람이 고약한 냄새가 난다고 호소할 때 이들은 수치심, 당혹감을 느끼고 이를 불명예로 받아들이기 때문에 흡연의 양을 줄이게 되는 효과가 있다고 한다. 실제로 젊은 흡연자일수록 흡연 직후의 담배 냄새에 상당히 민감하여 껌을 씹거나 자기 몸에 향수를 뿌리곤 한다. 건강을 인생의 최우선 순위에 두는 것이 마땅하나, 애연가의 경우에는 도리어 자신의 명예에 더 큰 가치를 두고 있는 셈이다.

이와 관련하여 우리에게 경종을 울리는 격언이 있다. "돈을 잃으면 조금 잃는 것이고, 명예를 잃으면 많이 잃는 것이며, 건강을 잃으면 전부를 잃는 것이다."

2006년 3월, 미국 로스앤젤레스의 대중교통국에서는 아서 윈스턴 (Arthur Winston)의 은퇴식이 열렸다. 이 날은 81년 동안 이곳에서 근무한 그의 100번째 생일이기도 하였다. 건강을 잘 유지한 덕분에 그는 한 직장에서 100세까지 거뜬히 일할 수 있었으리라.

부모가 물려준 신체적 조건은 60년을 지탱할 수 있으며, 그 이후에는 자신의 노력에 따라 100년을 그대로 갈 수 있는지를 가늠한다. 어느 날, 의사가 이러한 일화를 들려주었다.

비만인 사람이 건강 검진을 받아 보니 체지방 수치가 지나치게 높았다. 평소에 그는 아침을 거하게 먹고, 점심에는 고기를, 저녁에는 술과 삼겹살을 먹어 왔다. 의사는 그에게 비만의 위험성을 경고하고, 연령이 높으면 따라오는 합병증에 대해서도 설명해 주었다. 그리고 체지방을 줄이기 위해 식단 조절과 규칙적인 운동을 권하였다.

1년 뒤 다시 건강 검진을 받으러 왔을 때, 그가 작년과 다름없는 식단을 유지했는데도 체지방 수치는 눈에 띄게 떨어져 있었다. 그의 생활 습관 중에서 작년과 달라진 것은 딱 하나, 매일 아침 10분간 윗몸

사십과 오십 사이

일으키기를 빠르게 한 것뿐이었다. 이처럼 단 하나의 행동을 수정하더라도 이는 대단한 결과를 가져온다.

지구 온난화는 기후를 변화시켜서 해마다 기록적인 한파와 폭염을 불러오고, 이로 인해 우리의 생체리듬은 깨지고 있다. 생체리듬을 잘 유지하기 위해서는 규칙적인 식사와 운동, 충분한 수면이 필요하다. 이러한 생각으로 운동을 열심히 하는 것이 좋으나, 필요 이상으로 과하게 운동을 하여 신체 부위에 무리를 가져오는 경우도 있다.

어느 대학교수는 평소에 산행을 즐겨 자신의 건강을 늘 자랑하곤 하였다. 세월이 흘러 정년퇴직을 한 뒤, 그는 시간 나는 대로 산에 오르기 시작하였다. 뚜렷한 목표가 있고, 이를 달성한 것을 실감할 수 있다는 점에서 등산은 좋은 취미가 될 수 있다. 그러나 등산 사랑이 너무 지나쳤는지, 그는 무릎 통증 때문에 한동안 병원에 다녀야 하였다. 이렇듯 치우치지 않고 적당한 선을 지키는 것은 운동, 식사, 수면 모두에 적용되며, 이는 곧 건강을 꾸준히 유지하는 비결이다.

40대 후반인 어느 지인이 들려주는 말은 이렇다. "삼겹살에 소주를 곁들여, 공깃밥도 깨끗이 비우고 술은 물론 담배까지 피우며 자판기 커피를 수시로 마시곤 하던 친구들입니다. 조리되어 나온 음식에 소금을 더 뿌려 먹고 10분 안에 밥 한 그릇을 뚝딱 해치우던 녀석들이 어느덧 하나둘 술과 담배를 줄이고, 식습관을 바꾸어 보려고 노력하고 있습니다."

우리가 명심해야 하는 것은 건강이야말로 '재산 목록 1호'라는 점이다.

몸가짐을
매력적으로 가꾸기

조상이 후손에게 남겨 준 문화유산과 마찬가지로, 우리나라가 우리 민족에게 주는 재능과 소질이 수천 년 이어져 내려왔다면, 이를 가리켜 '진로 유산'이라고 한다.

그중 우리 강산이 우리 민족에게 가져다준 것은 다음 세 가지 능력이다. 첫째, 다양성이다. 우리나라는 충청도, 전라도, 경상도, 강원도의 산이 모두 다르다. 산세와 느낌이 다양하여 여행자들을 황홀하게 만든다. 중국의 명산인 장가계에 갔다가 멋진 풍경에 잠시 눈을 빼앗겼다. 하지만 "이러한 산이 5,000개나 있습니다."라는 안내원의 말에 슬며시 지루해지기 시작하였다.

어디 그뿐인가. 우리나라는 국토의 삼면이 바다로 둘러싸여 있다. 호수처럼 푸르고 잔잔한 남해 바다, 거칠고 드높은 동해 바다, 너른 갯

사십과 오십 사이

벌이 있는 서해 바다. 이러한 천혜의 자연환경 속에서 우리는 늘 다양성을 추구해 왔고, 그 결과 21세기가 요구하는 '다양성'이라는 능력을 진로 유산으로 가질 수 있었다.

둘째, 심미성이다. 〈애국가〉 가사에는 "무궁화 삼천리 화려강산"이라는 표현이 있다. 화려강산은 금수강산과 함께 우리나라를 가리키는 말이다. 이처럼 아름다운 경치 속에 살아온 덕분에 우리 민족은 고도의 심미성을 지닌 '여백의 미'를 즐길 줄 안다.

1830년 이탈리아 밀라노에서 소규모로 시작된 브랜드가 있다. 이탈리아, 프랑스는 물론 독일에서도 널리 사랑받는 이 브랜드에서는 화려한 색감과 자유분방한 디자인, 높은 품질을 바탕으로 앞뒤가 똑같은 문양의 침대보를 생산한다. 그중 우리 전통 이불의 디자인을 본떠, 목단 꽃과 초록과 빨강이 어우러진 침대보는 20년 넘도록 꾸준히 잘 팔리는 인기 모델이다. 우리 고유의 이불을 뒤로 하고 서양풍 이불을 선호하는 이때, 이 브랜드의 메시지는 우리 민족의 일상적인 미의 수준이 어느 정도인지 대변해 준다.

셋째, 건설업의 발달이다. 국토의 70%가 산인 우리나라는 산이 높고 골이 깊어 터널을 뚫고 다리를 놓을 일이 많았고, 그 덕분에 건설업이 발달하였다. 중동의 모래땅에 100층이 넘는 고층 건물을 거뜬히 지어 올리는 데서 우리나라 건설업의 저력을 엿볼 수 있다.

이 세 가지 진로 유산 중에서 '심미성'은 한국인들의 흥미 구조에서도 잘 나타난다. 흥미 구조를 이루는 현실성, 탐구성, 예술성, 사회성,

진취성, 관습성, 이렇게 여섯 가지 요소 중에서 한국인들은 '예술성 (A)'과 '사회성(S)'이 뛰어나다고 알려져 있다.

멋의 나라, 한국. 우리는 나이 들수록 더욱 멋을 내야 한다. 젊음은 꾸미지 않아도 그 자체로 멋이 있다. 하지만 나이가 들면 체형도 변하고, 얼굴빛도 칙칙해지기 마련이다. 그래서 건강하고 활기찬 모습을 보이려면 '멋스러움'이 필요하다.

멋스러움은 외모보다는 내면에 달려 있는데, 인간의 내면을 표현하는 방법에는 여러 가지가 있다. 앉은 자세, 걷는 자세, 말하는 태도, 식사 예절, 몸가짐, 미소와 바른 언어 사용 등, 이 모든 것에서 멋이 자연스레 배어 나와야 한다.

먼저, 앉은 자세를 생각해 보자. 우리 몸에서 배꼽은 중앙에 자리 잡고 있다. 바람직한 앉은 자세는 배꼽에 힘을 주고, 숨을 가슴의 위치에서 쉬면서 어깨는 살포시 내린 자세이다. 위풍당당하고 올곧은 모습을 보여 주는 이 자세를 습관화하면, 척추를 올바르게 사용할 수 있다. 그리고 앉아서 처리하는 일이 많다 보니 어깨가 오그라드는 경향이 있으므로, 양손을 뒤로 하여 마주 잡는 운동을 반복하면 어깨가 바르게 펴진다.

이에 못지않게 중요한 것은 걷는 자세이다. 걸을 때 필요한 것은 허리의 힘이라서, 머리나 어깨, 엉덩이를 흔든다면 이는 흐트러진 모습이다. 허벅지와 다리는 뻗쳐서 걷지 말고 위로 올리되, 힘을 그대로 놓

사십과 오십 사이

고 올리고 하는 동작으로 이어져야 한다. 손은 살짝 주먹을 쥔 형태로 앞뒤 각도가 90도가 되도록 흔든다. 걸을 때 옆에서 본다면 자세가 일직선으로 되어야 올바른 자세이다.

말하는 태도는 어떠해야 할까? 말하는 이의 마음이 고요해야 음향과 음색은 아름답다. 우리나라 말은 먼저 보통 중간으로 들어가서 중요한 단어는 똑같은 악센트로 발음하며 그리고 쉼을 쉰다. 쉼을 어떻게 갖고 가느냐에 따라 마치 노래하듯 말을 하는 것이다. 더욱이 중요한 것은 정확한 발음이며, 말끝을 흐리지 말아야 하므로 그 말속에는 남에게 감동을 주는 말들로 구성하여야 한다. 순간적으로 깜짝 놀라게 할 번뜩이는 철학을 갖고 이야기한다면 감동을 줄 것이다.

다음으로 식사 예절을 살펴보자. 우리는 어려서부터 어른들에게 식사 예절에 관하여 여러 차례 코치를 받아 왔다. 식사 예절은 자신이 속해 있는 가정과 공동체의 문화 수준을 보여 주는 중요한 척도이기 때문이다. 우리의 전통적인 식사법은 사용하지 않는 왼손은 반드시 밥상 밑에 두어, 바른 자세를 유지하는 것이다. 그러나 오늘날에는 왼쪽 팔뚝을 식탁 위에 올려놓고 식사하기 때문에, 자세가 한쪽으로 기우는 경향이 있다.

30년이 지나도 균형 잡힌 몸매를 유지하는 남자 분을 보았다. 그는 음식을 대할 때 반드시 정도를 지켰고 말이나 태도가 항상 한결 같았다. 50세라는 나이에 비해 피부도 좋았다. 용모 단정한 몸가짐과 미소, 바른 언어 사용 덕분에 그는 누구에게나 호감을 준다. 이러한 요소들이 바로 멋의 바탕이다.

영국의 연구 기관 '베네든 헬스'에서 성인 남녀 2,000명을 대상으로 노화에 대한 태도를 조사한 결과, 종전에 '41세'로 생각했던 중년의 기점이 '50대 중반'으로 늦춰진 것으로 나타났다. 연구 팀을 이끈 폴 키난은 "활동적인 라이프스타일로 인해 노화에 대한 태도가 바뀌고 있다"면서 "조사 대상자의 절반이 넘는 사람들은 '중년'이라는 게 있는지조차 느끼지 못한다고 답하였다."라고 하였다. 응답자들은 10명 중에 8명꼴로 '중년'을 제대로 정의하기가 어렵다고 하였고, 비슷한 비율로 중년은 나이나 신체적 상태가 아니라 '마음'의 문제라는 태도를 보였다 (코메디닷컴, 2013. 8. 29. 이무현).

이처럼 나이는 마음에 달려 있지만, 중년에 들어서면 신체 여기저기에서 티가 나기 시작한다. 코털이 삐죽 나오거나, 머리숱이 적어지거나, 피부가 푸석푸석해지거나, 어깨가 구부러지는 등, 눈에 띄는 변화가 나타난다.

대부분은 외롭고 힘들 때 머릿속에서 슬프거나, 짜증스럽고, 불쾌하게 만드는 일들을 자꾸 떠올리게 되어 우울한 기분에 빠져들기 쉽다. 이러한 상황이 장기간 지속되면, 생각의 내용, 사고 과정, 동기, 의욕, 관심에서 우울증 현상을 보이고, 결국 일이 잘 안 될까 봐 이것저것 걱정은 많아지면서도 정작 그 일을 실행하려는 의욕은 급격히 떨어진다. 그리하여 급기야 얼굴색이 어두워지고 생기를 잃는다.

따라서 4050세대의 포스를 50년간 유지하려면 올바른 몸가짐을 습관화해야 하며, 평소에 쓰지 않던 화장품도 챙길 필요가 있다. 멋스러움과 매력을 잃지 않으려면, 나이가 들수록 부지런을 떨어야 가능하다.

　　심미성의 나라 한국인은 멋스러움이 결코 낯설지 않다.

chapter 4

내 인생 새판 짜기

자기 계발

과정을 즐기면서
인생의 새판 짜기

'평생 동안 소비하는 시간을 비교하면, 웃는 시간 89일, 화내는 시간 5년, 일하는 시간 23년, 기다리는 시간 3년, 잠자는 시간 20년'이라는 내용의 글을 읽은 적이 있다. 우리는 화를 내는 일에 웃는 일보다 20배나 많은 시간을 쓰는 셈이다. 그렇다면 이제부터라도 즐거운 웃음으로 가득한 삶을 만들어 보는 게 어떨까.

40대와 50대에 인생의 새판을 짤 기회가 있는 것만으로도 얼마나 행복한가? 앞으로의 삶이 100여 년이나 남았다는 사실 또한 우리를 흥분시킨다. 이제까지 우리는 사회가 요구하는 기준에 따라 남에게 보여 주고 싶은 것만 보여 주며 살아왔는지도 모른다. 그러니 지금부터 새판을 짜서 그대로 갖고 간다면, 그전의 삶보다 시행착오를 줄일 수 있을 것이다.

지금부터의 인생이 새로운 것이라면, 그리고 나의 계획대로 살아갈 수 있는 것이라면 여러 조건이 갖추어져야 한다. 이러한 조건들이 전제되어야 인생의 대전환을 가져올 새판을 짤 수 있다. 우선, 인생의 새판이 동그라미인지 네모인지 세모인지를 정해야 한다. 이때 고려할 사항에는 어떤 것이 있을까?

먼저 자신에 대한 탐구가 필요하다. 자신이 어떤 사람이고, 어떤 갈등을 겪고 있는지를 알기 위하여 「직업 카드 분류 150」 검사를 권한다. 이 검사는 남과 비교하는 것이 아니라 자신이 갖고 있는 직업적인 성격, 적합한 직업들, 창업 가능 여부, 진로 갈등 구조 등 '인생 새판 짜기'를 위한 진로 탐색에 유용한 정보들을 제공해 준다. 그리고 이 결과는 그동안 몰랐거나 제대로 알지 못했던 자신의 모습을 이해하게 하여, 폭넓은 진로를 개척하는 데 도움을 준다.

다음으로 자신이 갖고 있는 역량에 대한 평가가 요구된다. 자신의 성과를 예측하거나 설명할 수 있는 다양한 심리적·행동적 특성을 평가하는 것이다. 역량은 다음 다섯 가지로 구분된다.

'기술(skill)'은 특정한 신체적·정신적 과제를 수행할 수 있는 능력이다. '지식(knowledge)'은 특정 분야에 대해 가지고 있는 정보이며, '자기 개념(self-concept)'은 태도, 가치관 또는 자기상(自己像)이다. '특질(trait)'은 신체적 특성, 상황 정보에 대한 일관된 반응의 성향이다. '동기(motive)'는 개인이 일관성 있게 마음에 품고 있거나 원하는 어떤 것이다. 여기에 일에 대한 열정, 창조성, 자발적 노력, 자기 효능감, 성실함, 규칙, 인간애와 같이 모든 윤리적인 면을 점검한다.

앞으로 50년간 개척할 진로 분야를 정한다. 10년 주기로 하나의 직업을 정하여 최소한 5개 이상의 직업이나 진로 분야를 선택하여야 한다. 이 과정에서 그동안 해 보고 싶었던 일, 자신이 원하는 삶의 방향과 일치하는 분야를 고려한다. 이때 「직업 카드 분류 150」의 검사 결과, 역량 평가 결과 등을 바탕으로 구상한다. 주된 일자리, 주변 일자리, 사회봉사 등과 같이 점진적인 은퇴의 진로 성향을 나타내야 함은 물론이다.

어떤 분야의 공부를 언제, 어떻게 할지도 결정한다. 이 공부는 앞으로의 진로와 연관이 있다. 그렇기 때문에 충분한 지식과 기술을 갖추려면 상급 학교, 한국폴리텍대학 등의 직업 훈련 기관, 교육 기관의 교육과정을 고려한다. 기관들마다 교육과정과 특성이 다르므로, 자신이 추구하는 목표에 적합한지 분석이 필요하다.

가족 관리에 대한 점검도 뒤따라야 한다. 화목한 가족 문화가 있다면 가장 좋은 조건을 갖춘 셈이다. 50대에는 직장보다 가정에서 보내는 시간이 더 마음 편한 경우가 많아지므로, 가족 관리가 잘되어야 자신의 삶도 평온해질 수 있다. 배우자, 자녀 그리고 양가 부모님 등의 관리가 여기에 포함된다.

무엇보다 중요한 것은 건강관리이다. 식상하게 들리겠지만, 이보다 더 중요한 과제는 없다. 건강을 해치는 무리한 목표, 욕구, 희망은 '인생 대전환'에서는 금물이다. 삶의 웰빙은 유쾌한 건강이 바탕이 되어야 누릴 수 있다. 건강을 점검하고 평가하여 그 결과에 따라 인생 새판 짜기를 결정한다. 또한 건강을 챙기기 위하여 평소 습관 중 수정할 사항에 대해서도 새판에 제시한다.

자산 관리에도 신경 써야 한다. 자신의 자산을 평가하고 앞으로의 계획을 세우는 과정은 금전 문제가 생길 때만 필요한 것으로 치부하기 쉽다. 그러나 자산의 활용성도 인생 새판 짜기에서 중요한 역할을 한다. 그러니 자산을 수시로 점검하고 자금 부족분에 대한 대응책도 세워 둔다. 외환 위기처럼 외부의 충격이 발생했을 때, 자산의 부실을 초래할 성우까지도 충분히 고려해야 하는 것이다.

자산 관리의 중요성, 소비 형태에 따른 자산의 분배와 관련하여, 어느 은행가의 조언은 여러 가지를 생각하게 한다.

"저는 오랫동안 연금 수혜자의 자산을 관리해 왔습니다. 이들이 퇴직 후 연금을 받는 기간과 사망할 때까지의 기간을 통하여 자산의 소비 분포를 비교해 보면, 장기간의 연금을 받는 동안 소비는 10%에 불과했으나, 사망하기 전 1년 동안 90%를 소비하였습니다."

연금의 10%는 일상생활에 사용되고, 나머지 90%는 사망에 대비한 것인 셈이다.

주거 관리도 중요하다. 우리는 퇴직 후에 어디서 살 것인지 종종 생각하곤 한다. 주거는 곧 생활의 형태이기 때문이다. 머릿속으로만 결정하지 말고, 살고 싶은 곳을 직접 탐방하고 그곳 사람들의 생활방식을 둘러보며 그 속에서 자신이 적응할 수 있을지 검토해 보아야 한다. 이곳에 정착한 사람들과의 면담을 통해, 그들이 어떤 노력을 기울였는지 알아보는 것도 의미 있다.

살 곳을 정하고 나면 이에 맞는 여가 관리도 필요하다. 여가 관리는 삶의 활력소 역할을 하므로 늘 검토해야 하는 항목이다. 여가 생활과 관련된 지식과 활동, 재원 충당, 시간 배분, 여가 활동 이후의 방향 등을 고려한다.

인생의 새판을 짜는 일은 목수가 새 집을 짓듯 장기간에 걸쳐 설계하고 수정하고 다시 설계하면서 짜는 것이다. 분명한 것은 자신의 진로를 정하였다면 그 분야 경험자의 의견을 수렴해야 한다는 점이다.

또 계획서는 가족들과 함께 의논하고 의견을 나누면서 작성한다. 인생 새판 짜기는 가족들과 같이하는 생활이다. 그렇기 때문에 가족들이 모여 만든 작품이 되어야 하며, 이러한 과정을 거쳐야 도달 지점에 더욱 가까이 다가갈 수 있다. 이러한 과정들은 즐기면서, 탐구하면서, 체험하면서, 토의하면서, 실험해 보면서 가족들과 하나씩 완성해 나간다.

'새 술은 새 부대에'라는 말에서 보듯, 인생의 새판은 설렘 그 자체라 할 수 있다. 한마디로 인생 새판은 자기가 좋아하는 일들로 가득 차 있어야 한다. 10년 주기로 변해 가는 자신의 삶을 예측하고 가야 할 길을 선택하는 시간을 통해, 많은 것을 생각하게 된다. 리허설을 거쳐 자신의 대안들을 줄여 나가면서 새로운 인생에 대하여 상상으로 예행 연습을 해 보는 것도 하나의 방법이다. 그리고 나서 가장 좋은 대안을 계획서로 완성해 보는 것이다.

리허설을 통해 자신의 미래를 그려 보다니, 이 얼마나 멋있는 일인가! 참으로 즐거운 경험이 아닐 수 없다. 장래 계획을 바탕으로 미래를 준비하면서 나이 들어 가는 것은 명품 인생을 만들 수 있는 절호의 기회이기에 더더욱 공들여야 한다.

나의 생애 주기 수첩 써 보기

경기도 성남시 분당에 있는 대한YWCA연합회 '은학의 집'에서 시니어 클럽의 어르신 부부를 모시고 프로그램을 진행한 적이 있다. 90세가 넘은 이 어르신들에게 지난 삶을 돌이켜 보시면서 '0'을 중심으로 플러스(+)와 마이너스(−)에 생애 곡선을 그려 달라고 부탁하였다. 그랬더니 부부가 함께 오신 15쌍의 어르신은 모두 생애 곡선이 너무나 흡사하였고 단순하였다. 게다가 부부가 각자 그린 자신의 생애 곡선도 동일하게 나왔다. 어르신들의 설명 역시 그래프만큼이나 단순해서 놀라웠다.

"내가 태어난 것은 성공이라 봅니다. 그리고 지금 건강하게 지내는 것도 성공입니다. 내 생애에서 곡선이 밑으로 떨어진 것은 두 번 정도입니다."

그렇다면 무엇이 단순한 곡선을 출렁이게 만들었을까? 그건 직장에서 승진에 실패했거나 실직을 한 경우였다. 어르신의 사모님 역시 남편과 마찬가지 생각이라고 대답하셨다. 나는 큰 충격을 받았다.

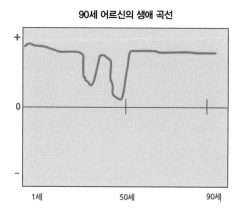

90세 어르신의 생애 곡선

인생을 사노라면, 자녀를 키우기 위해 남다른 정성을 쏟거나, 부부와 자녀 사이에 갈등을 겪는다. 그런가 하면 사회적 지위를 얻으려고 투쟁하기도 하며, 경쟁에서 살아남기 위한 피나는 노력도 불사하게 된다.

하지만 위기 상황에 대한 대처 능력이 떨어질 때 느끼는 자신에 대한 환멸, 자신에게만 벌어지는 좋지 않은 상황, 노력해도 목표 달성이 어려운 경우도 경험하며, 예기치 못한 사고를 겪을 수도 있다.

인생의 굴곡진 면이 이다지 많을진대, 90세에 바라본 생애 곡선에서는 이러한 점이 전혀 고려되지 않았다. 이분들의 생애 곡선은 생애에서 가장 강력한 것이 직업임을 시사하기에 우리를 더욱 숙연하게 한다.

90세 어르신의 생애 곡선은 어떤 요인들이 생애 굴곡을 만드는지를 알려 주는 신호이다. 이 신호는 삶의 좌표로서 우리가 가야 할 길을 안내해 준다. 앞으로의 생애 설계는 곡선의 출렁거림을 예견하고 여기에 대비하며, 어려움이 닥치더라도 정면으로 돌파할 길을 모색하고 계획하여 추진하는 일이 될 것이다.

얼마 전, 200여 명의 베이비부머 앞에서 특강을 하였다. 그들의 표정은 절박함 그 자체였다. 유머를 던져도 웃음조차도 짓지 못하는 모습에 가슴이 저며 왔다. 저분들은 이러한 절박한 상황이 올 거라고 미처 예상하지 못했을까?

한국의 베이비부머들은 성실한 노동으로 부를 축적한 세대라서, 가난을 물려주지 않으려고 자녀들에게 경제적 지원을 아끼지 않았다. 이들은 어려서부터 많은 형제자매 중에서 살아남기 위해 온갖 경험을 하는 과정에서 자기 나름의 생존 노하우를 익혔다. 그러나 정작 이들의 자녀들은 풍요로운 환경에서 성장한 까닭에, 생존 경쟁에서 살아남는 노하우를 배우지 못하였다. 자녀들은 스트레스나 장벽을 맞닥뜨렸을 때, 과감하게 헤쳐 나가기보다는 부모의 부에 안주하는 모습을 보였다.

'생애 곡선의 출렁거림'이라는 절박한 상황에 대비하는 방법으로 '생애 주기 수첩' 준비를 추천한다. 생애 주기 수첩이란 일생 동안 자신이 추구하는 가치와 그 실현을 위한 목표를 설정하고 자신이 실행한 사항을 기록한 것이다. 기록의 대상에는 꼭 기억해야 할 내용, 추구할 목표, 목표의 연기 또는 포기한 이유도 포함된다. 생애 주기 수첩은 반드시 매일 기록할 필요는 없다. 생애 이벤트가 있다면 기록하면 되고, 특별한 만남이나 슬픔과 기쁨의 순간을 기록해도 좋다.

생애 주기 수첩을 쓰는 목적은 생애 주기별로 예측 가능한 사건들에 대비하기 위해서이다. 그렇기 때문에 생애 주기별로 다가올 자신의 상황을 미리 상상해 보도록 한다. 가령, 40대 후반에는 진급이 되지 않으면 다른 직장에서 일하고 있을 것이다. 아니면 재취업에 필요한 직업훈련을 받거나 구직 활동을 할 수도 있다. 50대에는 직장 생활을 하지 않더라도 자신에게 맞는 일자리를 찾기 위해서라면 무엇이든지 버릴 수 있다고 생각할 것이다 등등.

삶의 여러 가지 가능성을 고려하여 기록한다면, 자신의 역사에서 잘못된 부분과 가치가 있는 부분을 만날 수 있다. 그런 의미에서 생애 주기 수첩은 곧 나의 자서전이자 가족사이며, 생애 주기에 따라 추구할 인생을 점검하고 계획하는 '나 자신'이다.

일에서 행복을 발견하기

68세라는 고령에도 하루 15시간씩 주말도 없이 지압에 매진하는 어느 시각 장애인의 이야기는 감동 그 자체로 다가온다. 6세라는 어린 나이에 시각 장애인이 된 그는 부모에게 구박을 받으며 오줌싸개로 자랐다. 그는 시각 장애인만 있는 고아원에 가서도 오줌을 가리지 못해 따돌림을 당해야 하였다. 16세 되던 해, 남들이 누워서 잘 때 쭈그리고 앉아서 자다가 옆으로 넘어질 때마다 소변 보기를 거듭한 끝에 마침내 오줌싸개에서 벗어날 수 있었다.

그러나 그는 모든 일에 자신이 없었다. 기어들어 가는 목소리 때문에 '멍청이 같다'는 질책이 따라다녔다. 이를 극복하기 위해 그는 5분, 1시간, 3시간, 잠잘 때마다 중요한 사항을 암기하는 훈련을 혹독하게 거쳤다. 그래서 지금은 일주일에 하루 10명씩 70명 고객의 예약 일정을 기억하며, 관심 종목의 증시 번호를 기억한다. 또 그는 감정을 최고로 해 놓고 귀는 한꺼번에 다 받아들여 처리할 수 있는 '다채널 시스템'을 가동하고 있다고 하였다. 예컨대 증시 방송을 틀어놓고 지압을 하면서 고객을 위해 다양한 이야깃거리를 들려주다가, 문득 기억난 것처럼 직원에게 몇 번 증권을 팔아 달라는 주문을 넣는 식이다.

그뿐만이 아니다. 그는 손님들의 기호에 맞는 이야깃거리를 제공하기 위해 일생을 5년 단위로 쪼개어 어떤 때는 화초 연구에 몰두하다가, 다음 5년은 클래식 음악에 심취하곤 하였다. 그리하여 지금은 폭넓은 분야를 섭렵하여, 순간적으로 깜짝 놀랄 정도로 번뜩이는 철학을 이야기할 수 있는 수준에까지 올랐다. 동료들이 '목소리가 왜 그렇게 우렁차고, 왜 그렇게 즐거워 보이는지' 물을 때마다, 일을 할 때면 너무나 즐겁고 행복해서 목소리도 저절로 우렁차게 나온다고 대답하였다.

그는 자신이 지닌 인생철학의 기본은 '남보다 적게 먹고, 적게 쓰고, 적게 자고, 돈을 많이 버는 것'이고, 자신의 역할은 돈을 버는 데 있다고 하였다. 더욱이 그는 세상에 할 일이 참 많은데, 대부분의 사람은 귀찮아서 안 하고, 그 자체를 들여다보지 않은 채 덮어놓고 할 일이 없다고 불평한다고 하였다. 그는 남보다 깨어 있어야 한다고 충고하면서, 언제나 감사를 느끼면 이것이 곧 '깨어 있음'이라고 덧붙였다.

그로부터 3년 뒤, 그는 더욱 놀라운 말을 전해 주었다. 일흔이 넘어 좌골신경통이 와서 진로를 고민하게 된 그는 '눈이 없고 척추도 없다면 입으로 하는 직업이 무엇일까.' 하고 궁리한 끝에, 75세까지만 지압을 하고, 이후에는 입으로 하는 직업을 갖겠다며 일에 대한 열정을 숨김 없이 드러내 보였다.

　오래전, 내가 상사로 모신 분이 있다. 연공 서열이 엄격했던 그 당시, 30대 초반이었던 그분은 기관장 자리에 올랐다. 여러 기자와 인터뷰를 하였지만, 그는 '나의 취미는 일'이라고 한결같이 대답하였다. 그는 한 가지 일을 생각하면 그 순간부터 발전을 거듭하는 유형이었다. 그래서 직원이 어제 전달받은 내용으로 결과물을 만들어 가면, 도리어 그렇게 해 가지고 그 문제를 풀 수 있겠느냐고 핀잔을 주어 직원을 어리둥절하게 만들었다. 그는 직원이 '해낼 수 없다'고 생각하는 일을 주문하여 마침내 해내도록 만드는 노하우를 갖고 있었다. 그러니까 태엽을 감고 또 감아서 더 이상 감으면 끊어질 것 같은 순간까지 직원들에게 해당 업무를 수행하도록 촉구하였다. 여러 가지 아이디어를 만들어 시험하고, 이를 관철시키기 위한 전략을 짜고, 할 수 있는 모든 역량을 동원하여 성사시키는 일련의 과정 속에 그의 생활이 있었다.
　일에 파묻힐 것만 같은 상황에서도 그는 하등 상관없어 보이는 미술 서적들을 한 아름 안고 오기도 하였다. 미술 관련 업무가 있느냐는 질문에, 그림을 보면 새로운 아이디어가 떠오른다는 대답이 돌아왔다. 취미 생활도 없이 일에 빠져 지내면서도 작은 찻잔 속에 소용돌이가 이는 양 문득문득 여가를 즐기는 것이 그의 스타일이었다. 이러한 독특한 상사 밑에서 단련을 받고 나니, 그 뒤로는 어떤 일도 두렵지 않았다.

20여 년 전 겨울 방학 때, 멋쟁이 노인 한 분이 신용카드를 배달하러 오셨다. 그 당시만 해도 일하는 노인을 찾아보기 힘들었기에, 안으로 모셔서 차를 대접하며 일을 하시게 된 동기를 여쭈어 보았다. 자신은 70세인데, 초등학교 교장으로 정년퇴직하였으나 언젠가부터 연금이 모자라서 신용카드 배달 일을 하신다고 하였다. 아드님이 일감을 타 오고, 매일 카드 배달을 하시는데, 이 일은 네 가지 기쁨이 있다고 하셨다. 일해서 좋고, 오전에만 일하고 오후에는 친구들과 만나서 좋고, 배송지까지 걸어 다니다 보니 운동이 되어서 좋고, 한 달에 60만 원을 버는데 이를 보태니 연금이 모자라지 않아서 좋다는 것이었다.

행복은 여러 가지 형태로 우리에게 다가온다. 불현듯 생각지도 않은 순간에 인생의 이벤트를 통해 행복감을 맛볼 때가 있다. 평소에 간절히 바랐던 일이 이루어진 데서 오는 성취감 역시 행복의 다른 이름이다. 그리고 일을 하면서, 특히 본인이 하고 싶은 일을 하면서 얻는 기쁨은 '이러한 인생이라면 한번 살아 볼 만하구나.'라는 생각이 들게 하여, 길고 큰 만족과 행복을 가져다준다. 다양한 행복 중에 보장된 것이 있다면 이는 '일하면서 얻는 행복'일 것이다. 이처럼 행복에 대하여 다양한 사람들이 여러 가지의 담론을 제시하면서 정의를 내리지만, '즐겁게 할 수 있는 일을 하면서 사는 것'이야말로 빼놓을 수 없는 행복의 조건이다. 많은 사람이 즐겁게 시간을 보낼 수 있는 여건이 마련된다면, '신나는 세상'을 만들 수 있다.

나만의 업
창조하기

이 세상은 너무나 신비롭다. 지구상에서 우리나라 정반대편에 있는 먼 나라에 갔을 때, 그곳의 태양은 우리나라에서 늘 보던 태양과 다르지 않았다. 그 순간, 태양은 도저히 가늠할 수 없을 정도로 어마어마하게 큰 '경이로움' 그 자체라는 생각이 들었다.

커다란 나무가 뿌리째 뽑히고 건물 지붕이 날아가는가 하면, 달리던 트럭도 전복시켰다는 태풍의 위력은 여러 차례 뉴스에서 보고 들어서 익히 알고 있었다. 그러다가 지난 2019년, 하늘을 온통 뒤덮어 금방이라도 비를 퍼부을 것만 같은 무거운 검은 구름들을 태풍이 북서쪽으로 빠르게 몰아가는 광경을 목도하였다. 눈으로 직접 본 태풍의 위력은 상상 이상으로 무시무시하였다.

그런가 하면 강원도 정선을 지나 강릉 경계의 산 중턱, 들꽃이 피어 있는 그곳에서 백두대간 산봉우리들을 내려다보면서 '가득함이란 이러한 것이구나.' 하고 감탄하기도 하였다. 그리고 네팔행 비행기의 창문으로 끝없이 펼쳐지는 히말라야 산맥을 보면서 '세계의 지붕'의 위용을 실감할 수 있었다. 이러한 경이로운 풍경들은 이 세상은 크고 광활하다는 것을 알려 준다.

이와 정반대인 미미한 세상은 어떤가. 우리가 무심코 밟고 지나가는 풀밭을 현미경으로 관찰해 보면, 너무나 작아 눈에 띄지 않았지만 아름다운 꽃을 피우고 있는 식물들을 발견할 수 있다. 개미들은 쉼 없이 집을 짓고 물건을 나른다. 그리고 "꿀벌이 사라진다면 인류는 4년 안에 멸종할 것"이라는 말이 있을 만큼, 꿀벌은 가장 열정적이고 조직적으로 활동하는 버돌이 농사꾼(軍)이다. 진딧물이 있는 곳이면 어디에나 서식하는 무당벌레는 몸길이가 약 7밀리미터에 불과하지만, 살충제 대신에 해충인 진딧물을 방제하고 있다. 이처럼 세상 한쪽에는 거대하고도 무한한 세계가 존재하는 한편, 인간이 삶을 영위하도록 돕는 작고도 아름다운 세계 역시 부지런히 움직이고 있다.

인간의 능력은 어떠한가. 인간은 세계를 하나의 생활권으로 묶었으며, 우주를 탐닉하는가 하면, 미세한 로봇으로 자신의 몸속을 탐험하는 솜씨를 선보이기도 한다. 신이 만들어 준 생명의 신비를 벗겨 내며, 과거와 미래로의 통로를 알고자 욕망을 드러낸다. 이러한 인간의 능력에도 한계는 없어 보인다.

이해준 감독의 영화 〈김씨 표류기〉를 보고, 오늘날 도시에서 살아가는 보통 사람의 밑바닥 삶을 이토록 유쾌하게 조명할 수 있을까 감탄을 연발한 적이 있다. 구조 조정으로 일자리를 잃고 빚 때문에라도 더이상 물러설 수 없는 주인공 김 씨(정재영 분). 그가 한강 다리에 매달려 있다가 대출을 거절하는 마지막 전화를 받고 한강에 투신하면서 영화가 시작된다. 김 씨가 깨어난 곳은 여의도의 밤섬. 섬을 관찰하고 난 뒤, 휴대 전화의 물기를 겨우 말려서 여자 친구에게 전화를 건다. 하지만 그녀는 말을 다 듣기도 전에 끊어 버린다. 김 씨가 119에 전화하여 서울의 무인도에 갇혀 있다고 하자, 상대방은 장난 전화냐며 믿지 못하여 자초지종을 설명하려는데 배터리가 나간다.

화려하기 짝이 없는 여의도를 마주 보며, 김 씨는 사람의 발길이 닿지 않아 밀림처럼 변해 버린 밤섬에서 석 달간 원시인에 가까운 생활을 한다. 나무에 걸려 있는 쓰레기를 주워 먹거리와 보금자리를 만들던 그는 우연히 마주친 자장 라면 봉지 속에서 온전한 스프를 발견한다. 봉지 위에 쓰인 '희망 소비자 가격'이라는 단어. 그때부터 국수를 만들어 스프를 넣고 자장면을 먹어 보겠다는 '희망'을 걸었다.

괴기하기 짝이 없는 이 남자를 관찰하는 사람은 쓰레기로 범벅이 된 좁은 방 안에서 자신만의 세상을 만들고 방 바깥으로 나오지 않는 여자(정려원 분)이다. 김 씨가 밀을 경작하여 수확함으로써 국수를 만들겠다는 일념을 알고 여자는 거금을 들여 밤섬에 자장면 배달을 시켜 준다. 하지만 김 씨는 이를 과감히 거절하고 자신의 희망은 자기 손으로

사십과 오십 사이

성취하겠다고 다짐하는데, 이 장면이 매우 감동적이다.

낯선 남자를 관찰하다가 자신만의 세계인 방에서 뛰쳐나오는 여자와 밤섬에서 구출되어 나오는 남자. 기상천외한 방식으로 자신만의 삶을 찾아가는 두 사람의 여정을 그린 〈김씨 표류기〉는 행복이 너무 멀리 있는 것만 같아서 하루하루가 고단한 현대인에게 웃음과 희망을 되찾아 준다.

삶에서 나만의 업을 창조하기 위한 첫 단계는 자신을 정확하게 아는 것이다. 자신을 아는 법에는 여러 가지가 있다. 자신을 스스로 판단하는 법, 타인의 생각을 통해 아는 법, 객관적인 방법으로 파악하는 법이 그것이다. 객관적인 방법의 예로는 「직업 카드 분류 150」의 검사 결과를 통해 얻은 6각형 모형을 들 수 있는데, 이 6각형 모형으로 피검사자의 특성을 예측할 수 있다.

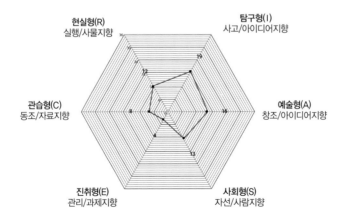

앞의 도식을 보자. 이 유형은 이상과 현실 중 어디에 더 큰 가치를 둘지 고뇌하고 있으며, 마음이 중간에 머물러 있기에 항상 마음이 텅 빈 듯한 느낌을 가진다. 이 유형은 현실과 이상과의 간극을 인정하고 그 간극은 마음에서부터 비롯된 간극이며, 현실과 이상과의 혼돈에 있거나 도저히 거리를 잴 수 없는 경우에서 오는 것이기 때문에 자신의 이상을 현실적으로 가져와야 한다.

또 사람과의 관계를 중시하면서도 그 사람 자체보다는 사람들에 대한 자기 나름의 평가 기준에 의존한다. 이러한 객관적인 수단을 통하여 자신의 특성이나 나아갈 진로 방향, 진로 갈등에 대한 정보를 얻을 수 있다.

무한하고 경이로운 세계와 자신만의 삶을 개척하고 살아가는 인간의 만남. 저마다 풍경이 다르듯이 인간 각자도 너무나 다르다. 어떻게 살아왔는지, 어떤 것을 느꼈는지, 지금 가장 좋아하는 것이 무엇인지 각기 다를 수밖에 없다.

상담자로서 각자의 이야기를 청해 듣고 있노라면, 어쩌면 이렇게나 다른지 놀라게 된다. 그들이 쌓아 온 업과 갖게 된 능력이 하나하나 살아 움직여서 그들을 멋져 보이게 한다.

만약 영화 속 김 씨와 같은 상황에 놓인다면, 여러분은 어떤 삶을 개척하겠는가? '문명 제로' 상태의 불모지에서 새롭게 출발하는 김 씨를 보면서, '희망'을 놓지 않아야 삶의 방향을 찾을 수 있다는 것을 깨닫는다.

하고 싶은 일이 너무 많다면 순서를 정해서 차근차근 접근해 보자.

이것저것이 아니라 5년 또는 10년 단위로 자신의 업을 집중시켜 보는 것이다. 우리나라 사람이 1개 직업에 평균 8년 정도 종사한다고 하니, 8년 단위라도 좋다. 얼마만큼 자신의 업을 만들 수 있는지도 관심거리인데, 적어도 7~8개 이상이 되어야 한다.

이러한 과정을 완성하려면 검사를 통하여 자신에 대한 탐구를 거쳐 직업을 선택해 보도록 한다. 스스로 개척해 가야 하는 삶이 고달플 때, 〈김씨 표류기〉를 떠올리며 힘을 내 보자.

나와 궁합이 맞는 직업 찾기

|

미용실에 가면 미용사들이 고객의 직업을 맞추는 경우를 종종 본다. 선생님 아니냐는 말에 깜짝 놀라서 '어디서 그런 티가 날까?' 하고 스스로 반문해 보았다.

현명하고 남을 배려하는 마음씨를 가진 여자 분이 있었다. 남을 돕는 상담에 종사하던 그분은 수사 기관으로 옮겨서 비슷한 업무를 10여 년간 하게 되었다. 그 후 예전의 부드러운 성격은 어디 가고, 무엇을 보더라도 의심하고 분석하고 결론을 짓게 되어 성격이 180도 달라졌다. 이렇듯 일은 당사자의 성격까지 바꾸어 놓곤 한다.

직업과 궁합이 맞아야 일에서 오는 스트레스를 줄일 수 있다. 자신과 직업의 궁합은 자신의 가치, 목표, 열정, 직업이나 조직에서 요구하는 역량, 조직 문화, 신체적 조건 등과 밀접한 연관이 있다.

'김병숙 잡앤멘탈 클리닉'이 문을 열었을 때 취재 나왔던 기자 분이 첫 고객이다. 이분은 기자와 같은 진취적인 직업을 가지면 무언가 허전해하고, 도덕관이 투철해야 하는 직업에 종사하면 본인이 답답해서 그만두는 유형이라서, 어느 곳에도 만족하지 못하는 상태였다. 다음 직장이나 직업을 선택할 때는 진취성과 도덕성을 동시에 요구하는 곳이 좋겠다고 조언해 드렸다. 기자 분은 자신이 그동안 왜 그렇게 방황하였는지 알게 되었다며 고마워하였다.

오래전, 30대의 제대 군인이 상담을 신청하였다. 그는 첫 직장을 6개월 만에 그만두었다. 그 이유는 '사장이 인격자가 아니라서'였다. 두 번째 직장에서는 그곳 문화가 자신이 추구하는 가치와 맞지 않아 3개월 만에 사표를 냈다. 세 번째 직장에서도 1개월만 있었는데, 자기 성격과 맞지 않아서였다. 자신이 갖고 있는 순수함을 행동 기준으로 삼았기에, 그는 실업자로 전락한 것이다. 2년 동안 쓰디쓴 고뇌의 시간을 보낸 다음, 그는 자신이 원하는 가치와 부합된 직업을 갖게 되어 안정적인 삶을 영위할 수 있었다.

건설 회사 현장에서 근무하게 된 예의 바른 청년의 이야기를 소개하면 다음과 같다. 건설 현장은 거친 말들이 오가고 행동에도 거리낌 없는 곳으로, 일이 고된 탓에 저녁에 술을 거나하게 마시는 문화도 있었다. 청년은 되도록 술자리를 피하고, 동료나 상사 앞에서 예의 바른 말과 행동을 보였다. 하지만 이러한 태도 때문에 그는 '나약한 자'라는 평판을 듣게 되었고, 결국 그 조직 문화에 밀려 나올 수밖에 없었다. 이처럼 조직 문화 역시 자신의 가치관과 맞아야 한다.

탈북 주민인 새터민들이 우리나라에 와서 어려움을 겪는 것 중에 하나가 '영어 간판'을 이해하지 못하는 것이라고 한다. 실제로 길거리에는 영어 간판들이 즐비하다. 그뿐만이 아니다. 소재지를 기록해야 하는데, 아파트 이름이 너무나도 긴 외래어라서 짜증스러울 때도 있다. 그래서 영어를 많이 사용하는 미용사 자격증을 취득한다는 것은 새터민들에게는 이례적인 일이다.

일 년 이상 매달려서 자격증을 취득한 어느 새터민은 그 당시 매우 뛰어난 인재였다. 그녀는 미용실에 취업하였으나, 얼마 되지 않아 그만두었다. 새터민들은 한국 땅을 밟기까지 숱한 고생을 했기에 병을 갖고 있는 경우가 많다. 그녀 역시 관절에 문제가 있었는데, 직업상 하루 종일 서서 일하는 것이 관절에 무리를 준다는 것을 미처 몰랐다. 이처럼 신체적 조건도 직업과 궁합이 맞아야 한다.

실직을 당하면 자신을 취업시켜 줄 사업주를 만나기가 힘들다. 높은 직위에 있었던 경력자라면 더더욱 그렇다. 고위식에 걸맞은 식견으로 사업체를 바라보면, 직장이 어설퍼 보이거나 믿기지 않는 경우가 흔히 보이기 마련이다. 그러면 이래저래 따지게 되고, 급기야 그 정도로 사업체를 운영한다면 자신의 실력으로도 충분히 할 수 있다고 느낀다. 그리하여 이들은 '자신에게 취업하는' 창업을 하는 방향으로 생각을 키우게 된다. 경영자로서 능력을 갖추어야 하는데, 궁여지책으로 생각한 길이 창업인 것이다. 이렇게 출발한 사업은 흥하기 어렵다.

2019년 폐업한 자영업자 284명을 연구한 결과, 폐업할 수밖에 없는 요인 일곱 가지를 발견했는데, 모두 1~3가지 이상의 요인을 갖고 있었다. 이들이 실패하게 된 공통 요인은 다음과 같다.

1. 우유부단한 자: 아이디어는 있으나 완벽해야 의사결정을 내리기 때문에 기회를 포착하기 어려움.
2. 진취성이 낮은 자: 용기가 부족하여 투자하는 데 머뭇거림.
3. 사람에 대한 이해가 부족한 자: 고객의 마음을 헤아리고 친절한 면이 부족함.
4. 창업 역량은 높으나 현실 감각이 없는 자: 아이디어와 좋은 사회망을 갖고 있으나, 현실적이지 못해 항상 실패하면서도 늘 창업하고 싶어함.
5. 고집이 있는 자: 현실과 타협하는 능력이 부족하고 자신의 생각이 옳다고 여김.
6. 무엇을 해도 만족하지 못하는 자: 한 업종으로 창업하면 다른 업종이 하고 싶고, 또 다른 업종이 궁금해짐.
7. 끈기가 없는 자: 하다가 잘 안 되면 쉽게 포기함.

이 연구 결과에서 보듯, 직업과 자신이 추구하는 삶의 목표와의 궁합도 중요하다.

세상에는 많은 궁합이 있지만, 그중 '일과 직장, 자신의 성격'의 궁합을 서로 맞추는 것이 매우 중요하다. 이 세 가지가 궁합이 맞지 않으면, 결국 조직 문화에 타협하거나 거기에 적응하지 못하고 떨어져 나오게 되기 때문이다.

그러니 일이나 직장을 선택할 때는 자신이 추구하는 삶, 가치, 성격과 궁합이 잘 맞는지를 고려해야 한다. 그 일을 하면서, 그 직장에 다니면서 자신과 가치관이 잘 맞는다고 느낀다면, 즐겁고 신나는 시간이 늘어나는 것은 당연하다.

인생을 살다 보면, 한눈박이 토끼들의 세상에서는 두눈박이 토끼가 한쪽 눈을 일부러 찢을 수밖에 없는 상황이 올 거라는 생각이 든다. 성한 한쪽 눈을 찢지 않기 위해서는 일과 직장을 선택할 때 나 자신과 서로 궁합이 맞는지 신중을 기해서 살펴보아야 한다는 것을 잊지 말자.

일에 미쳐 보고 리더의 길 가기

미쳐 보는 것, 온 정열을 다하여 도전해 보는 것, 거기서 오는 최고의 환희를 즐기는 것. 이것은 인간만이 누릴 수 있는 행복이다. 환희의 경지에 오르는 것은 누구나 가는 길이 아니다.

산악인 박정헌 씨는 19세에 히말라야 초오유에 처음 오른 이후, 한국인 최초로 히말라야를 대표하는 안나푸르나(8,911m) 남벽, 에베레스트(8,848m) 남서벽을 등정하고, 2002년 시샤팡마(8,027m) 남서벽에 코리안 루트를 개척하였다. 그는 2005년 히말라야 최고 난코스인 촐라체 북벽을 세계 최초로 동계 시즌에 등정하고 하산하던 길에 불의의 사고로 손가락 8개를 잃었다. 이는 더 이상 산악인으로 살아갈 수 없다는 것을 의미한다.

그러나 2011년 박 씨는 마흔의 나이에 동료들과 함께 168일 동안 세계 최초로 히말라야 2,400킬로미터를 패러글라이딩으로 횡단하는 대장정에 나섰다. 이 과정은 한국방송공사(KBS)의 글로벌 대기획인 〈이카로스의 꿈〉에 소개된 바 있다. 그는 "벽이 주는 감동의 전율은 어디에서도 맛볼 수 없었다. 매순간 공포와 위험이 공존하는 벽에서 나의 삶을 확인할 수 있었다."라고 고백하였다. 물론 가정과 직장, 여가를 아울러 관리해야 하는 40대로서는 박 씨처럼 '미쳐야 미친다'의 경지를 구현하기 힘들다. 다만, 이러한 도전에 40대가 가장 적합한 까닭은 그만한 시간을 마련할 수 있기 때문이다.

나는 초등학생 때는 빛의 아름다움에 홀려 시간을 보냈다. 중학생 때는 세상에 존재하지 않는 세상을 동경하여, 만화에나 있을 법한 그런 세상이 어딘가에 있을 거라고 믿었다. 고등학생이 되어서는 꿈을 실현하기 위한 나만의 장소를 만들어 탐구하고, 매일매일 그곳에 내 꿈을 그려 놓으면서 시간을 보냈다. 대학생이 된 이후로는 현실적인 문제들이 터져 나오면서 '꿈의 끈'을 놓아 버리고, 졸업과 취업, 진급을 위해 부단히 애를 썼다. 그러니까 진정으로 공부한 적이 없으면서 석사, 박사 학위를 땄고, 대학교 강단에 섰다. 이 과정은 전부 직업에서 요구하는 자질들이었기에 열심히 일한 덕분에 이룰 수 있었다.

그러다가 50대 후반, 하나의 의문이 나를 학문의 길로 이끌었다. 추운 겨울밤, 연구실에서 조그만 난로에 의지하여 공부하다가 수위 아저씨가 밤 12시라고 문을 두드리면 그제야 귀가를 서두르곤 하였다. 집에 가서도 몸이 부서질 것처럼 피곤한 상태가 되어야 공부를 멈추고 잠을 청하였다. 다음 날도 일어나자마자 책을 펴들었는데 그렇게 2년이 지나가고 있었다.

그해 추석 전날, 모두들 바쁘게 집으로 향하는데 나 혼자 연구실에서 밤이 깊어 가는 줄 모르고 공부에 열중해 있었다. 그러던 중, 지식을 얻는 데서 오는 환희가 별안간 온몸을 감쌌다. 아무도 없는 사우나 냉탕에 들어가서 기쁨에 못 이겨 노래를 부르고 덩실덩실 춤을 추기까지 하였다.

지금도 그 절정의 경험은 나를 행복한 세계로 이끌어 준다. 그 이후 몸이 극도로 쇠약해져 단골 한의원을 찾아갔다. 한의사는 맥을 짚더니 맥박이 뛰지 않는다며 혹시 도인이냐고 물었고, 왜 그렇게 되었는지 궁금해하였다.

"공부하다가……."

대답이 끝나자마자 한의사는 긴 탄식을 내뱉었다. 지금도 그의 탄식이 내 가슴을 울리고 무너뜨린다. 그러나 환희를 맛보았기에 그 기쁨은 헤아릴 수 없음을 알고 있었으므로 나는 늘 동경한다.

2,500년 전 사람인 공자(孔子, 기원전 551~기원전 479)의 생애는 그가 중국 사회, 더 나아가 인류 사상사에 끼친 엄청난 영향력에 비해 너무나 보잘것없었다. 그래서 어느 중국인은 공자의 생애가 '평범하고 현실적'이라고 표현하기도 하였다.

공자는 일평생 교사로 활동하였으며, 세상에 속해 있으면서 세상을 변모시키려고 노력하였다. '고결한 이상과 소명 의식을 가진 사람'이라는 명성은 출세할 수 없는 자신의 처지를 잘 알면서도 정의의 신념에 불타서 자신이 할 수 있는 모든 것을 꾸준하게 실행한 '행동적인 양심가'의 면모에서 비롯된다.

이 같은 진술은 공자에 대하여 보편적으로 알려진 내용이다. 그러나 공자가 73세가 되도록 자신이 바라는 삶의 목표를 추구하면서 흐트러짐 없이 살 수 있었던 것은 그가 지닌 '다섯 개의 심장' 덕분이다.

우리는 물을 마시면서 '시원하다', '물맛이 좋다' 등 단조롭고 원초적인 느낌 그 이후를 생각하지 않는다. 그러나 공자는 물을 마시며 '살아있고, 부드러우며, 깨끗하고, 향내가 있으며, 맛이 있다'고 표현한다. 이처럼 그는 다섯 개의 심장을 통하여 예의가 왜 중요한지, 배려심은 어디서 오는지, 감사하는 마음은 어떻게 형성되는지 등을 알려 주었다. 위대한 지도자는 다섯 개의 심장으로 느껴 보고 생각하는 것이다.

공자가 69세 때의 일이다. 그의 제자들은 뛰어난 능력을 소유하고 있었다. 각 나라에서 이들을 인재로 초빙하려고 하자, 공자는 '삼 년만 자신에게 국가 경영을 맡기면 세상을 바꿀 수 있다'는 희망을 피력하였다. '당신은 원로'라는 사신의 말에, 그는 자신이 현역임을 강조하였다. 그 당시 인간의 평균 수명이 40~50대 정도였다고 추정되므로 69세는 원로임에 분명하다. 하지만 본인이 현역이라고 밝힌 공자의 당당한 모습은 평균 수명 150세가 머지않은 우리에게 시사하는 바가 크다.

공자의 시대에는 전쟁에서 승리하게 해 주는 책략가나 장수가 각광 받았다. 공자는 그와 정반대의 길을 가면서 숱한 고난에 봉착했지만, 자신의 목표를 실현하고자 하는 열망에 평생 동안 혼신의 힘을 다해 노력하였다. 공자처럼 자신이 원하는 일에 미쳐 보기 위해서는 거침없는 용기와 끈기, 신념이 있어야 한다.

공자의 경우처럼 다섯 개의 심장을 통하여 세상을 보는 습관을 들인다면, 남을 깊이 이해하고, 무심코 지나치는 것에도 심사숙고하는 마음을 갖게 되며, 하나를 대하더라도 진심을 갖고 대할 수 있고, 보이지 않는 움직임도 간파할 수 있는 능력을 갖게 된다. 그뿐만 아니라 자신에 대한 성찰을 게을리 하지 않게 된다. 이러한 태도를 생활화한다면 곧 리더가 되는 풍모를 지닌 것이다.

역사에서 극과 극의 성격끼리 마주친 경우를 꼽으라면, 2,200년 전 항우(項羽, 기원전 232~기원전 202)와 유방(劉邦, 기원전 247?~기원전 195)의 만남을 들 수 있다. 고고하고 귀족적이며 천하를 재패할 웅지를 가진 초패왕 항우는 스스로도 '힘은 산을 뽑아 낼 만하고 기운은 세상을 덮을 만하다'고 하였다. 장신에 우람한 체격의 소유자라서, '항우 장사'라는 말은 그의 이름에서 유래되었다.

항우는 학식을 갖춘 시인이었고, 탁월한 군사 전략가이면서 의리를 존중했으며, 진나라를 타도하기 위하여 막강한 군사력과 재력을 겸비하였다. 그러나 그는 자신의 힘만 믿고 주위 사람의 말을 귀 담아 듣지 않아 많은 인재를 떠나보냈다.

　이에 반해 유방은 보잘것없는 평민 출신으로, 출발부터 미미하였다. 유방은 시인이나 군사 전략가, 재력가가 아니었으나, 상대방의 이야기에 귀를 기울이고 신뢰를 보이며 전폭적으로 지지할 줄 알았다. 중국 대륙을 놓고 겨룬 결과, 항우는 '사면초가(四面楚歌)'에 부딪쳐 32세의 젊은 나이에 스스로 목숨을 끊었다. 대결에서 승리한 유방은 천하를 통일하고 한고조(漢高祖)가 된다.

　항우와 유방의 사례는 천하를 재패할 전략과 재력과 웅대한 기상이 있다 할지라도, 인재를 발탁하고 이들의 충언에 귀를 기울이며 끝까지 믿어 주는 힘을 당해 낼 수는 없음을 보여 준다. 우리는 여기에서 '열린 마음'이 지닌 대단한 위력을 다시 한번 확인하는 한편, 이 또한 리더의 길임을 깨달을 수 있다.

　좋아하는 일에 미쳐 본다면 어떤 변화가 일어날까? 밥을 먹어도, 잠을 자도, 거리를 걸어도, 누구와 만나도 머릿속은 좋아하는 일을 하면서 꿈을 이루려는 구상으로 가득 차 있을 것이다.

　그리고 이를 구현하기 위해 열정을 품게 되리라. 연애하듯 열정적으로 일에 미쳐 본다면, 산타클로스에게 고대하던 선물을 받듯이 빛나는 미래의 선물을 받을 수 있다. 또 리더의 길은 늘 열려 있는 마음을 갖는 것이기에 열정과 리더의 만남은 아름답기 그지없다.

하루를 36시간으로 창조하기

터키를 방문하면 공항에서, 거리에서, 간판에서 '아타튀르크'란 단어를 수없이 보게 된다. 식당 벽면에는 반드시 아타튀르크 사진이 걸려 있다. 아타튀르크는 터키의 개혁가이자 초대 대통령인 케말 파샤(Mustafa Kemal, 1881~1938)의 애칭으로, '터키의 아버지'라는 뜻이다. 그가 터키의 국부로서 국민의 존경을 받는 이유 중 하나는 1928년 '글자 혁명'을 일으켜, 아랍 글자 대신에 상대적으로 쉬운 라틴 글자를 공식 문자로 선언했기 때문이다.

우리에게는 우리글을 창제한 세종대왕(1397~1450)이 있다. 조선 제4대 임금인 그는 1443년 우리말 표기에 적합한 문자 체계를 완성하여 '훈민정음'이라 명명하였다. 훈민정음은 1997년 10월 유네스코 세계 기록 유산에 등록되었다. 많은 민족이 자기네 말을 표기할 문자를 만들려고 노력해 왔다. 그러나 한글처럼 일정한 시기에 특정인이 기존에 쓰던 문자에서 직접적인 영향을 받지 않고 독창적으로 새 문자를 만들어 국가의 공식 문자로 사용하게 한 일은 전무후무하다.

더욱이 세종대왕은 새 문자에 대한 음성학적 해설을 책으로 출판하기까지 하였다. 문자를 만든 원리와 문자 사용에 대한 설명은 이론적으로 논리 정연하고 엄정해서 세계의 언어학자들이 극찬할 정도이다. 유네스코에서 문맹 퇴치에 공헌한 사람들에게 주는 상의 명칭에 세종대왕의 이름이 붙은 것은 한글이 독창적이며 과학적이라고 인정받고 있기 때문이다. 한글은 세계에서 가장 합리적이고 과학적인 글이라는 명성과 더불어, 자음 14개와 모음 10개만으로 수많은 글자를 만들어 낼 수 있기에 21세기 디지털 문화에 적합하다. 이렇듯 세종대왕은 우리 민족에게 수준 높은 콘텐츠를 구가할 수 있는 고유 문자를 선물로 주었다. 하지만 케말 파샤를 국부(國父)로서 극진하게 숭상하는 터키 사람들에 비하면, 세종대왕을 대하는 우리의 태도에는 반성할 점이 많다.

뛰어난 언어학자였던 세종대왕의 위대한 면모는 여기서 끝나지 않는다. 그는 정인지에게 수학 공부를 명하여 일 년의 길이를 365.2425일로 정하고 한 달의 길이를 29.530593일로 정한 역법을 만든 천문학자였다. 그리고 우리 역사상 가장 위대한 음악가 중 한 사람인 박연(1378~1458)이 미처 발견하지 못한 음률의 오류까지 발견한 음악가이자 작곡가였다. 게다가 그 당시로서는 최첨단 기술인 시계를 만들어 낸 발명가였고, 비천한 노비인 장영실(1390?~?)에게 종3품의 높은 벼슬을 주어 과학 기술자로 등용한 인력 관리자이기도 하였다.

어린 시절, 세종대왕이 독서를 멈추지 않자, 건강을 염려한 부왕은 책을 모두 숨겨 버렸다. 그러자 자신의 방 병풍 뒤에 있던 책 한 권을 발견하고는 부왕이 모든 책을 돌려줄 때까지 그 책을 1,000번 읽었다는 일화가 전해질 정도로 '타고난 학자'로서의 면모도 지니고 있었다. 병약한 그가 54세에 사망하면서 행한 활동은 실로 놀라울 따름이다. 세종대왕 사후에 시호를 올리면서 그의 덕행을 칭송하여 지은 글에는 '과연 30년간 태평의 성대요, 진실로 천 년 사이에 만나기 어려운 행운입니다.'라는 표현이 있으니 더 말해 무엇하랴.

그렇다면 '멀티 플레이어' 세종대왕의 일과표는 어땠을까? 오전에는 5시~5시 30분에 기상하고, 5시 30분~6시에 조회를 하며, 6~7시에 공부 및 독서, 7~8시에 아침 식사, 8~9시에 문안 인사, 9~11시에 국가 회의, 11~12시에 점심 식사가 이어진다.

오후 일과를 보면, 12~1시에 국가 회의, 1~3시에 공부 및 독서, 3~5시에 상소 검토, 5~6시에 숙직 관리 확인, 6~7시에 공부 및 독서, 7~8시에 저녁 식사, 8~9시에 문안 인사, 9~10시에 공부 및 독서, 10~11시에 구언(求言), 11~12시에 취침 준비로 끝을 맺는다.

세종대왕은 하루 5시간 잠을 잤고, 신하에게 충간을 듣거나 조회, 국가 회의를 주재하고 상소 검토, 숙직 관리 확인 등의 집무에 6회에 걸쳐 7시간 30분을 소비하였다. 여기에 4차례에 걸쳐 5시간 공부한 것을 포함하면 무려 12시간 30분을 연구와 정무로 보냈으며, 문안 인사에 2시간, 식사에 3시간을 소비하였다. 세종대왕은 7.5:5의 비율로 하루에 두 가지를 추구하는 시간 배분을 바탕으로, 다양한 활동을 지속하여 놀라운 성과를 보여 주었다.

바그너(Richard Wagner, 1813~1883)는 음악의 대본, 작곡, 연출 등을 구현한 멀티 음악인이다. 독일의 알프스 자락에 있는 노인슈반슈타인성에 가면, 바이에른 왕국의 루트비히 2세(Ludwig Ⅱ, 1845~1886)를 만나게 된다. 백조의 기사를 주인공으로 한 바그너의 음악극인 〈로엔그린〉에 깊은 감명을 받은 그는 자신이 건설한 성을 '새로운 백조의 석조 성'이라 불렀다. 그 성의 벽면에는 바그너의 오페라 〈트리스탄과 이졸데〉와 〈파르지팔〉의 장면들이 그려져 있으며, 심지어 세면대에도 백조상이 있다. 그뿐만 아니라 성 안의 오페라 극장은 바그너가 〈니벨룽겐의 반지〉를 공연한 곳이기도 하다.

바그너와 그의 열혈 후원자 루트비히 2세와의 관계는 그 당시 세간의 이슈였다. 바이로이트에는 바그너가 자신의 작품만을 연주하기 위해 직접 설계하고 건설한 바이로이트 페스티벌 극장이 있다. 사실, 이 극장도 루트비히 2세의 도움으로 건설되었다. 이 극장은 무대를 향하도록 객석을 둥글게 배치하였고, 성악가들이 노래하고 연기하는 무대 아래를 움푹하게 파서 그 안에 오케스트라가 들어가게 하였다. 이는 성덕대왕신종의 밑바닥을 움푹 들어가게 제작함으로써 종소리가 은은하게 오래 지속되도록 한 것과 같은 이치이다.

500년 전, 이탈리아의 미켈란젤로(Michelangelo, 1475~1564)는 르

네상스 시대를 대표하는 조각가, 건축가, 화가, 시인이었다. 그는 시스티나 성당의 천장을 그림으로 장식하기 위하여 4년 동안 발판 위에 누워서 작업한 까닭에 관절염과 근육 경련을 얻었고, 천장에서 떨어지는 물감 안료 때문에 눈병도 생겼다. 〈다비드〉는 미켈란젤로가 3년에 걸쳐 조각한 대리석상으로, 높이는 5.17미터이며, 이스라엘의 위대한 왕 다윗의 청년 시절 모습을 표현한 것이다. 그는 조각이나 그림의 완성도를 위하여 인체 해부까지 서슴지 않았다.

그런데 일생 동안 다양한 영역에서 최고를 구가한 천재들만이 하루를 36시간으로 창조할 수 있을까? 그렇지 않다. 보통 시간 관리에 힘쓰는 동시에 다양성을 꾀하는 모드로 있다면 가능하다.

가장 보편적인 방법은 아침에 일어나서 잠잘 때까지 하루를 10분 단위로 나누고, 자신이 그 시간을 어떻게 사용하는지 분석하는 것이다. 이 과정에서 주로 소비하는 시간과 활동을 확인할 수 있고, 반복적으로 소비하는 시간들을 묶어 보면, 짧은 시간 내에 도달할 수 있음에도 무심코 허비하는 시간들을 발견하게 된다. 어쩌면 시간과 시간 사이의 자투리 시간에 처리할 수 있는 일이 중요한 시간에 포함되어 있기도 하다. 이처럼 시간 관리와 자신의 시간 사용 습관에 변화를 꾀하여 재구조화한다면, 하루 36시간을 충분히 만들어 천재성에 도전할 수 있는 절호의 기회가 생긴다.

독보적인 나만의
브랜드 만들기

프로이트(Sigmund Freud, 1856~1939)는 인간의 꿈, 농담, 실수, 착각 행위를 통해 '무의식'의 존재를 알린 정신분석학의 창시자이다. 그는 생물학에 뜻을 두었다가 의학으로 전공을 바꾸었고, 정신과 의사로 활동하면서 다양한 환자들과 심층적인 상담을 통하여 정신분석학의 토대를 다졌다. 인간의 무의식적인 행위를 과학적인 방법으로 분석한 것이 그 특징이다. 그는 "어떤 인간도 비밀을 지킬 순 없다. 입술이 침묵한다면 손가락 끝으로 말할 것이다. 배신은 모든 모공에서조차도 스며 나온다."라고 말하기도 하였다.

문학과 언어학에도 일가견이 있었던 프로이트는 장군이니 관료를 희망하였으나, 유태인이라서 의학과 법학 이외의 분야에는 진출하기 어려웠기에 의학을 택하였다. 프랑스로 유학하여 병원에 체류하는 동안에 그는 정신분석학의 이론을 정립하였다. 그는 〈꿈의 해석〉의 원고료로 겨우 209불을 받고 600부를 출간하였는데, 이 저서는 정신병리학회로부터 묵살당하였다. 또한 그가 대학에서 '꿈에 대하여'라는 강좌를 개설하였을 때 청강생은 겨우 세 명뿐이었다.

그러나 일 년 후, 프로이트의 명성은 높아졌다. 9년 뒤, 그가 미국의 대학에서 초청 강연을 한 것을 계기로 정신분석학은 의학 훈련의 중요한 과목으로 인식되기 시작하였다.

프로이트의 정신분석학은 두 가지 이론에서 큰 영향을 받았다.

첫째, 인과론(결정론)이다. 인과론에 따르면, 모든 사물이나 현상은 사소한 것에도 목적과 의미가 있고, 원인과 결과로 연속된다.

둘째, 열역학 제1법칙이다. 질량이 양인 것처럼 에너지도 양의 개념이 있다면, 에너지의 위치나 형태가 바뀔 수도 있지만 총량은 소멸되지 않는다는 것이 주된 내용이다. 에너지 보존 법칙이라고도 불리는 이 이론에 근거하여 프로이트는 '정신 에너지'라는 개념을 이끌어 냈다. 그는 인간의 마음도 과학적인 방법으로 연구할 수 있고 양적으로 측정할 수 있다는 '정신 물리학'에 근간을 두었다.

프로이트는 의사로서 환자를 진료하는 것은 물론이고, 조수, 조교, 비서도 없이 47년간 연구, 분석, 집필에 매진하였다. 그래서일까, 수염에 싸인 그의 얼굴은 무언가 분석하고 고뇌하는 것처럼 보인다. 유태인이라는 출신은 그를 평생 구속하였다. 1938년 오스트리아를 침공한 히틀러를 피해 런던으로 이주한 그는 이듬해 그곳에서 숨을 거두었다.

보물 제391호인 〈부산진순절도〉는 임진왜란 당시인 1592년 4월 13~14일 부산진에서 벌어진 왜군과의 처절한 전투 장면을 소재로 하고 있다. 비단 바탕에 그려진 이 그림은 높은 곳에서 전투를 내려다보 듯 묘사하였는데, 성곽의 중앙에는 흑의를 입은 부산첨사 정발(鄭撥, 충장공, 1553~1592)이 그려져 있고, 부산진 성곽의 주변을 왜병과 왜 선이 빈틈없이 에워싼 모습을 보여 주어 성 안 1,000명의 병사와 성 밖 1만 8,000여 명 왜군과의 싸움을 보여 준다.

정발 장군은 왜군을 상대하기에 역부족임에도 목숨을 걸고 싸웠다. 그는 사기를 돋우기 위해 성을 돌아다니면서 왜적을 무수히 쏘아 맞추 었다. 그래서 하루 만에 적의 시체가 산처럼 쌓인 곳이 세 군데나 되었 다. 화살이 떨어지자 부하 장수들이 성을 빠져나가 구원병을 기다리자 고 간청하였다.

이에 정발 장군은 "나는 이 성의 귀신이 될 것이다. 또다시 성을 포 기하자고 하는 자는 목을 베겠다."라며 호통을 쳤고, 군사들이 모두 흐 느끼며 자리를 떠나지 않았다고 한다. 이윽고 그가 탄환에 맞아 전사 하자 부산진성은 불과 여섯 시간 만에 함락되고 말았다.

그 후 왜장은 "조선의 장수들 중에서 부산진을 지키던 흑의장군이 가장 두려웠다."라고 밝힌 바 있다. 조선 시대 무관들이 착용한 공식 복장은 깃이 곧고 허리가 넓으며, 허리에 주름이 잡히고 큰 소매가 달 린 '철릭'이다. 검은 철릭을 즐겨 입었기에 정발 장군의 별명은 '흑의장 군'이었다.

많이 마른 체구의 여성이 사무실에 신입으로 들어온 적이 있다. 나약해 보여 많은 일을 해낼 수 있을지 걱정되었다. 더욱이 식사 때 밥과 반찬을 젓가락질 한 번 분량만 입에 넣는 폼이 마치 맛만 보는 듯하였다. 그녀는 '음식을 먹고 포만감을 갖는 게 싫어서' 그렇게 한다고 하였다. 그 뒤로 나는 포만감을 얻기 위하여 무조건 배부르게 먹어야 한다는 고정관념이 얼마나 무모한지 느낄 수 있었다.

'오늘이 지나면 언제든지 죽음이 다가올 수 있다.'는 생각에서 그날의 모든 것을 정리하고 버리는 습관을 가진 친구가 있다. 그는 청년 시절부터 언제든 떠날 준비를 하고 있었기에 그의 집에는 가구가 거의 없을 뿐만 아니라 잡다한 장식품도 없었다.

우리의 모습은 어떤가. 오늘이 영원할 것처럼 물건을 사들이고 관계를 맺고 내일을 구상한다. 그래서 내일도 오늘과 같이 불편함이 없도록 가구와 물건들이 가득한 집에서 살고 있다. 언젠가 사무적으로 기회가 되어 집을 2년 동안 빌린 적이 있다. 2년 뒤에 비워 줘야 하기에 반드시 필요한 도구만 두고, 치장하기 위한 물건은 아무것도 넣지 않았다. 그 집에서 자유로움과 해방감을 한껏 맛보면서, 그 친구가 누리는 행복을 짐작할 수 있었다.

대학원 입학 지원자들을 면접 보는 자리에서 독특한 부부를 만난 적이 있다. 이들은 결혼 전에 생애 설계를 해 두었다고 하였다. 결혼하여

40세가 되면 함께 대학원에 가고, 졸업한 뒤에는 외국으로 유학을 갔다가 50대에 한국에 들어와 불우한 사람들을 돕는다는 계획이었다.

그래서 이들은 40대 이전까지 돈 버는 데 열중하였다. 더욱이 네 식구가 유학 갈 수 있는 자금까지 마련하기 위하여 먹을 것과 쓸 것을 최대한 절약했고, 그 결과 필요한 자금을 모을 수 있었다. 이들의 생애 설계는 다른 사람과 거꾸로 간다는 점에서 매우 독특하였다. 그래도 이들은 계획대로 차근차근 밟아가는 중이었다. 우연한 기회를 추구하는 삶과 꼼꼼한 계획을 바탕으로 한 삶은 이렇게 다르다.

뉴욕의 한 기관에 있는 친구는 그곳에서 제일 높은 직위까지 올랐다. 그녀는 한인 사회의 저명인사로, 뉴욕시에서 1일을 그녀의 날로 정할 정도였다. 그녀는 평생 아무리 궂은일이라도 남보다 먼저 하고자 하여 어깨가 굽어 있었고, 부하 직원들이 미안해하면 오히려 유머를 날려 분위기를 반전시켰다. 흥겨운 자리를 마련해 놓고 자신은 무대 뒤에서 손님들의 흥겨움을 지켜보곤 하였다. 봉사의 본질을 보여 주는 그녀의 행동은 절로 고개가 숙이게 한다.

21세기는 독창성과 창조성을 중요한 가치로 여기는 시대이다. 그러니 남보다 뛰어난 독보적인 브랜드가 있어야 경쟁력을 갖출 수 있다. 독보적인 브랜드는 인격이든, 감정이든, 지식이든 오래 쌓이고 쌓여야 이루어진다. 그냥 쌓이기만 하는 게 아니라 다양한 요소가 녹아서 또 다른 것으로 변화하기도 하는 이러한 '브랜드화 과정'은 자신을 더욱 돋보이게 해 준다.

어느 날, 교보문고 앞을 지나는데 커다란 글씨가 눈에 들어왔다.

"나였던 그 아이는 어디 있을까? 아직 내 속에 있을까 아니면 사라졌을까?"

어린 시절부터 꿈꾸어 왔던 '나'를 찾아본다면, 나만의 브랜드에 색을 칠해 볼 수 있을 것이다.

약점은 버리고
강점을 키우기

　2002년 10월, 노벨 화학상 수상자가 발표되었을 때 일본인들은 그가 누구인지 알지 못하였다. 다들 "도대체 다나카가 누구지?"라며 궁금해하였다. 샐러리맨이 노벨상 수상자로 발표되자, "나도 직장인이 되었는데, 전망이 좀 보이고 보통 사람이라도 그런 노벨상을 받을 수 있는 찬스가 있구나 생각했습니다."라고들 하였다.

　노벨상이 제정된 이래 과학 분야 수상자로서 박사 학위가 없는 사람은 다나카 고이치(田中耕一, 1959~)가 두 번째였다. 노벨상 수상이 결정되었을 당시, 그는 시마즈 제작소의 연구원으로 학사 출신이었는데, 고분자 재료의 질량 측정법을 개발한 공로를 인정받아 노벨상을 받았다. 이는 암과 같은 질병을 조기에 진단하고 신약을 개발하는 데 없어서는 안 될 첨단 기술이다.

생명 과학의 열쇠를 쥐고 있는 이 기술 개발에 성공한 것은 1987년. 그 당시에는 실용성이 떨어진다는 이유로 환영받지 못했지만, 다나카는 17년 만에 노벨상 수상의 영예를 안은 것이다. 그는 아침부터 밤늦게까지 실험 장비 앞에 앉아서 하나하나 수치를 측정하고 있었다. 될 수 있는 대로 연구 현장에 오래 있고 싶어서 승진에 소극적이었기에 그는 아직 개발팀의 말단 주임에 지나지 않았다. 그는 '노벨상은 저명한 석학들만 받을 수 있다'는 고정관념을 깨고, 연구에 충실하면 평범한 사람도 수상자가 될 수 있다는 것을 보여 주었다.

청각 장애인의 고충은 '듣지 못해서 말을 할 수 없는' 데서 비롯된다. 말을 할 수 없는 청각 장애인 김수림 씨는 한국어, 일본어, 영어, 스페인어를 구사할 줄 안다. 부모가 이혼하자 그녀는 4세 때 아빠를 따라 시골 친척집에 갔다가 버림을 받았고, 할머니와 둘이 살던 6세 때 청력을 잃었다. 돈 벌러 일본으로 간 엄마는 술집을 운영하였고, 12세 때 엄마와 함께 일본으로 갔지만, 장애인 등급도 받지 못한 채 졸업한 그녀에게 남은 것은 형편없는 성적, 장애인이라는 약점뿐이었다.

영국으로 어학 연수를 떠난 김 씨는 치열하게 공부한 결과, 2년 만에 영어를 마스터하고 일본으로 돌아와 2년제 전문대학을 졸업하였다. 그 뒤 회사에 취업하였으나 극심한 우울증으로 4년 만에 그만두고 은둔형 외톨이가 되었다. 이후 3년 동안 30개국을 여행하던 중, 스페인에 매력을 느껴 스페인어까지 습득하였다. 청각 장애인이면서도 4개 국어를 자유자재로 구사하고, 3년 동안 30개국을 여행한 독특한 이력의 소유자인 그녀는 세계 최고의 금융 회사인 골드만삭스를 거쳐 일본 크레디트 스위스 법무지사에 재직하여 실력을 인정받고 있다(MBC, 2013. 5).

김 씨는 "일본어는 살기 위해서, 영어는 세계에서 살아갈 무기를 얻기 위해서, 스페인어는 보다 인생을 즐기며 행복해지기 위해서" 공부했다고 한다. 그리고 자신이 2년 동안 24시간 중 18시간을 외국어 공부에 바친 이유는 "장애를 가진 사람이 사회에서 차별받지 않고 살아가기 위해서는 무기가 필요하다고 생각했기 때문"이라고 밝혔다. 그녀는 "한계는 신이 만드는 것이 아니라 인간이 만드는 것"이라고 하면서, 귀가 들리지 않는 자신이 4개 국어를 할 수 있다는 것은 '인간이 지닌 가능성은 무한한가?'라는 질문에 대한 답이 될 거라고 하였다.

그렇다. 실패를 두려워하지 않고 자신이 만든 담을 뛰어넘자. '부딪혀라. 즐겨라. 하면 된다.'

20여 년 전, 노인 일자리에 대한 주제로 텔레비전 프로그램에 출연하게 되었다. 분장실에 있을 때 여성 노인 한 분이 분장사에게 여러 가지를 요구하였다. 연령에 비해 요구 사항이 까다로웠다는 점도 색다르지만, 그분의 옷차림과 치장도 지나치게 화려하였다. 너무나 특이한 분이기에 출연 전에 인터뷰를 요청했고, 그분이 들려준 이야기는 이렇다.

서울의 맥도날드 점포 중에서 가장 손님이 붐비는 무역센터 지점에서는 나이 지긋한 여성 종업원 한 분을 만날 수 있다. 맥도날드 점포에서 채용 공고가 나면 10대나 20대 초반의 연령대가 지원하는 게 대부분이다. 그런데 지원자가 75세 할머니라니! 면접을 보는 자리에서 할머니는 '이미 취업이 되었다고 연락이 와서 왔다'고 하여 면접 위원들을 더욱 놀라게 하였다. '제가 인사 담당자인데 누가 그렇게 말했습니까?'라는 인사부장의 질문에, 할머니는 '하느님이 취업이 되었으니 가보라고 하셨다'고 재치 있게 대답하여 합격하였다.

나이 든 사람들은 경험이 많기 때문에 말을 많이 하는 경향이 있는데, 이 할머니는 뜻밖에도 짤막하게 한마디만 하였다. 맥도날드 측에서 전체 점포 중 가장 손님이 없는 곳으로 발령을 내려 하자, 할머니는 가장 손님이 붐비는 점포를 원하였다. 그뿐만이 아니다. 9시 출근이지만, 그녀는 8시부터 출근하여 1시간 동안 매장 청소와 정리를 한 뒤, 9시 정각이 되어서야 출근부에 서명을 하였다. 근무 시간 중에는 손자뻘 되는 청소년 아르바이트생이 적응하지 못하고 나가려 할 때 그녀는 상담하여 마음을 다독여 주는 어머니 역할까지 도맡아 하였다. 그 이후부터 맥도날드에서는 만 75세 이상자도 고용 대상으로 공고를 냈고, 이 일을 계기로 기업 이미지도 높아졌다고 한다.

민간단체 이사로 있을 때, 가죽옷을 사면 그 이익금이 단체로 들어오므로 구매를 부탁받았다. 백화점에 걸려 있는 가죽옷들이 그리 탐탁지 않을 때라서 다소 망설였지만, 맞춤 가죽옷집이라는 사장의 설명에 구매하기로 결정하였다.

내가 바쁘다고 하자, 옷집 주인은 무거운 가죽 샘플을 메고 사무실로 찾아왔다. 그녀는 그중에서 고르라고 하고, 몇 번이든 고쳐 달라면 고쳐 주겠다며 늘 상냥하고 즐거운 목소리로 응대하였고 가죽으로 내가 원하는 디자인의 안경집을 만들어 선물해 주기도 하였다.

판매 기술이 독특하여 인터뷰를 해 보니, 그녀는 대부분의 사람이 기성복 가죽옷을 싫어하기에 맞춤을 택하였고, 시간이 없는 고객을 위해 찾아가는 서비스를 하고 있다고 하였다. 그녀는 유명 브랜드도 아니고 공장 하나 변변히 없는 약점에 전전긍긍하는 대신, 자신이 갖고 있는 친절한 서비스, 고객 맞춤형 프로그램, 무한한 사후 서비스를 더욱 확대해 나간 것이다.

인간은 약점에 더 투자하는 '투자 함정'에 빠지기 쉽다. 예를 들면, 네 과목 모두 40점 이상이면서 평균 60점이면 자격시험에 합격이 가능하다. 사람들은 자신 없는 과목에 모든 시간을 투자하여 60점대로 올려놓지만, 정작 자신 있다고 생각한 과목은 공부를 하지 않아 도리어 그 과목 때문에 떨어지기도 한다. 그러므로 자신 없는 과목은 40점 이상 받을 정도만 공부하고, 나머지 시간은 자신 있는 과목에 몰두하여 평균을 올리는 게 효과적이다.

약점을 극복하여 대성한 인물들의 사례는 많다. 그들의 공통 원칙은 약점을 보완하는 데 급급하기보다는 약점은 버리고 강점을 더욱 키워 나갔다는 것이다.

태산(泰山)이 높다 하되 하늘 아래 뫼이로다.

오르고 또 오르면 못 오를리 없건마는

사람이 제 아니 오르고 뫼만 높다 하더라.

양사언(楊士彦, 1517~1584)의 시이다. 태산이 높다 하나 하늘 아래 있을 뿐이다. 그래서 오르고 또 오르면 거기에도 끝이 있을진대, 사람들은 가 보지도 않고 핑계만 댄다.

이는 "길고 짧은 것은 대 봐야 안다."라는 속담과 일맥상통한다. 남보다 늦거나 모자란다는 것은 도대체 어디에 기준을 둔 것인가? 정말 늦었는지, 모자란지 알아보려면 일단 대 보기라도 해야 한다. 남보다 늦거나 모자란다고 해서 달라질 것은 아무것도 없다. 왜? 그러한 평가는 단지 '그 시간, 그때'에 해당될 뿐이니까.

우리 인생에는 대 보아야 하는 순간들이 너무나 많다. 그러니 그때마다 충격을 받을 필요는 없다. 그것은 나의 약점이니 다른 강점으로 이겨 낼 수 있다고 자신을 가늠해 보면 된다.

두세 개의 일을
서로 크로스오버하기

우리는 산업을 1차 산업인 농업, 2차 산업인 제조업, 3차 산업인 서비스업으로 분류해 왔다. 그러나 산업 간의 융·복합, 감성과 문화의 결합, 신사업 모형 창조 등에 따라 0.5차 산업이 등장하기에 이르렀다. 최근 농촌 여러 지역에서 볼 수 있는 환경 농업과 각종 관광 및 이벤트 사업을 결합한 경우는 '농업(1차 산업)과 관광(3차 산업)의 결합'에 따른 1.5차 산업이라 할 수 있다. 미국의 오토바이 제조사 할리데이비슨은 인터넷을 기반으로 동호회를 조직하고 오토바이 관련 레저 정보를 제공하는 2.5차 산업으로 불황을 타개하였다.

전통 제조업의 정보 기술(IT) 집약화, IT와 방송의 결합, 생명 공학과 IT의 결합, 교육과 IT의 결합 등, 각종 산업에서 IT를 기반으로 하는 것이 일반적인 추세이다. 2015년 4월, 하노버 산업 박람회에서 독일 총리 앙겔라 메르켈은 미래 독일을 이끌 핵심 키워드로 '4차 산업 혁명'을 꼽았다. 그리고 이듬해 1월 20일, 스위스 다보스에서 열린 세계 경제 포럼(WEF)의 주제 역시 '4차 산업 혁명'이었다.

4차 산업 혁명은 디지털을 이용해 가상 세계와 물리 세계를 연결하는 것이라고 정의한다. 4차 산업 혁명에서는 제조업이 디지털 즉, 사물 인터넷(IoT), 인공 지능(AI), 빅 데이터, 클라우드와 하나의 시스템을 이룬다. 그리하여 개인화된 제품(다품종 소량 생산), 공장의 완전 자동화, 인공 지능 설비를 갖춘 공장 등, 제조업과 디지털 사이에 파괴적 시너지(synergy)가 나타난다. 그리고 국가를 넘어서 글로벌 차원에서 제조업을 통합하는 디지털 기반의 산업 플랫폼들이 탄생한다. 구글, 페이스북, 아마존의 사례에서 보듯, 디지털 시대 플랫폼의 특성상 이 또한 소수 글로벌 기업이 시장 독점을 통해 산업을 주도한다.

2016년 3월, 구글 딥마인드가 개발한 인공 지능 컴퓨터 프로그램인 '알파고'는 현존하는 세계 최강의 바둑 기사인 이세돌 9단과 다섯 차례에 걸쳐 대국을 가졌다. 세기의 대결이 치러졌고, 그 결과 이세돌 9단이 1승 4패로 석패하였다. 바둑에서 경우의 수는 원자 수보다 많다는 10의 170승이다. 인간은 그 많은 수를 정보화하여 저장할 수 없기에, 수를 저장하고 그 수를 추정하여 바둑을 두는 인공 지능이 더 유리하다고 볼 수 있다.

1997년 IBM에서 만든 '딥 블루'가 체스 세계 챔피언을 이겼다. 이때 〈뉴욕 타임스〉는 바둑에서 컴퓨터가 사람을 이기는 것은 100년 이상 걸릴지 모른다고 보도하였다. 그 후 20년이 채 안 되어 인공 지능이 바둑으로 인간을 이겼다. 사람들은 인공 지능의 시대가 생각보다 훨씬 빠르게 올 것을 예감하고 큰 충격을 받았다.

4차 산업 혁명의 핵심 키워드는 인공 지능, 로봇, 사물 인터넷, 무인 자동차, 바이오, 빅 데이터, 3D 프린팅이다. 2015~2020년 동안 15개 경제권에서 총 510만 개의 일자리가 사라질 것이고, 감소분의 3분의 2는 사무 행정직에서 발생할 것이다. 순 고용 감소는 사무직, 제조·생산직 등에서 일어나고, STEM(과학, 기술, 엔지니어링, 수학)의 경영 금융, 수학 컴퓨터, 엔지니어링 등에서는 순 고용 증가를 보인다. 그런가 하면 초등학교 입학생의 65%가 현재 존재하지 않는 직업에 종사하게 되는데, 인적 자원 개발가, 엔지니어(소재, 생화학, 나노테크, 로봇), 규제 과학 전문가, 지리 정보 전문가 등이 그것이다.

사실, 4차 산업 혁명은 이미 진행되고 있고 여러 곳에서 그 증거를 찾아볼 수 있다. 2018년 4분기 '어닝 쇼크' 수준의 실적을 기록한 이마트는 매출과 영업 이익이 모두 감소하였는데, 영업 이익은 615억 원으로 2017년 4분기보다 58.9% 급감하였다. 그 이유는 50대 이상 소비자가 대부분이고, 아이들은 초등학생 때부터 편의점을 찾으며, 20대가 되면 온라인 쇼핑으로 구매하기 때문이다. 온라인 사업을 오프라인 사업의 부속 사업으로 여긴 것은 회사의 실책에 해당하였다.

플랫폼 사업인 국내 배달 앱 시장의 점유율은 2018년 우아한형제들 55.7%, 요기요 33.5%, 배달통 10.8% 등을 기록하였다.

2019년에 가장 많은 투자를 유치한 스타트업(start-up, 신생 기업)은 배달의민족(4조 1,000억 원)인데, 배달, 숙박, 부동산 등을 취급하는 플랫폼 스타트업이 대부분을 차지한다.

2019년 12월, 배달의민족은 독일 기업인 딜리버리 히어로(DH)에 인수되어 요기요와 합병하였다. 그리고 신선 식품, 가정 간편식, 생필품 등 3,000여 종을 배달하는 'B마트' 서비스를 운영하여, 생필품 배달 시장으로까지 발을 넓히며 이커머스(전자상거래) 시장을 잠식해 갈 것이라고 관측되었다.

이커머스로 인하여 2020년부터 소비자의 반품 요청이 급속도로 증가하였다. 온라인 쇼핑의 시장 규모는 2028년에는 2019년보다 37% 늘어날 것으로 예상된다. 따라서 반품 관리가 곧 경쟁력으로 나타난다. 2019년이 새벽 배송, 당일 배송 등과 같은 '배달 전쟁'의 해였다면, 2020년부터는 반품 전쟁이 시작되는 셈이다.

대형 마트에서는 개인이 직접 물건 값을 계산하는 시스템을 운영하며, 건물에 근무하던 주차원 대신 자동 주차 시스템이 가동되고 있다. 이러한 분위기 속에서 로봇 프로세스 자동화(RPA) 도입이 확산되고 있다. 로봇 은행원은 하루 평균 1,600건의 대출 연장을 심사하는데, 현재 96%를 연지선봇 같은 로봇 은행원들이 처리한다. 단순 반복 작업은 로봇들에게 맡기고, 은행원들은 전략·기획 등 사람만이 할 수 있는 업무에 집중한다. 농협 은행은 2018년 개인 여신 자동 기한 연기와 휴업 및 폐업 정보 조회 같은 업무에 은행권 최대 규모의 RPA를 도입한 데 이어, 2019년 말에는 총 40개 업무에 쓸 수 있는 로봇 개발을 완료하였다. 은행원 한 명당 평균 연봉이 1억 원이라고 할 때 로봇 한 대에 들어가는 비용은 600~800만 원 수준으로, 연봉은 10분의 1도 안 되는데 업무 처리량은 4배 이상을 담당한다.

시장 조사 업체 '오토노머스 리서치'는 2030년까지 미국 내에서만 단순 업무를 담당하는 은행원 등 120만 명이 RPA에 대체되어 일자리를 잃을 것이라고 전망하였다. 시티 그룹도 2018년 '미래의 은행' 보고서에서 AI와 RPA 등 자동화 기술이 향후 5년 내 고객 서비스 영역의 절반 이상을 대체할 것이라고 예견하였다.

오늘날 4차 산업 혁명은 4050세대가 이제까지 보아 오고 경험한 직업 세계와는 전혀 다른 형태로 전개되고 있다. 현재 AI로 대체되는 일자리는 단순 노동이 주를 이루고 있기 때문에 주변 일자리로의 진입도 만만치가 않다.

〈은퇴 후 8만 시간〉을 저술하면서 '은퇴 후 8만 시간'을 즐기는 여덟 명을 인터뷰한 적이 있다. 그들은 우리에게 삶의 좌표를 알려 주고, 그렇게 가라고 용기를 북돋아 주었다. 그들이 공통으로 전하는 메시지는 다음과 같다.

첫째, 자기의 꿈, 자기의 삶이 중요하다. 이전 삶이 상승을 위한 투쟁의 연속이라면, 지금부터는 정점에서 자신을 보고, 자기 꿈이 무엇인지 찾아보게 될 것이다. 남에게 내 삶이 어떻게 보이는지 신경 쓸 게 아니라 내가 원하는 삶, 내 꿈이 무엇인지 정확하게 알기 위해 노력해야 한다.

둘째, 재미있는 일을 찾아야 한다. 일에서 재미를 느끼는 것은 중요한 의미를 지닌다. 그 일을 오래 할 수 있는 끈기, 그 일을 하고자 하는 의욕을 갖게 하기 때문이다.

셋째, 꾸준한 준비가 필요하다. 다만, 남들처럼 철저하게 준비하지 못했다고 해서 슬퍼하거나 좌절할 필요는 없다.

넷째, 초심으로 돌아가서 맨 처음 일을 배울 당시의 태도를 지녀야 한다. 그러면 언젠가 원하던 위치에서 일을 하고 있는 자신을 발견할 수 있다.

다섯째, 공부하고 인내한다.

여섯째, 실천을 위한 계획 수립이 뒤따라야 한다.

그들이 제시하는 또 하나의 트랙은 취미 생활과 관련이 있다. 취미 생활은 아마추어 수준에서 출발하지만 20년 이상 꾸준히 계속하면 적어도 그 분야의 전문가로 활동할 수 있다. 취미 생활을 시작할 당시는 서툴러서 남에게 들킬까 봐 조마조마하였지만, 이러한 과정을 거쳐 세월이 지나고 나면 점점 활동의 깊이가 깊어진다.

필립 강 갤러리의 강효주 대표는 은행원으로 28년간 근무하였다. 그러나 주말마다 그는 화랑을 돌면서 전시 도록을 모으고 미술 관련 잡지와 책을 읽었으며, 월급을 쪼개어 작품을 사기도 하였다. 그는 이런 오랜 취미 생활 덕분에 50대에 미술 평론가가 될 수 있었다. 그는 인생을 25년 주기로 보고 세 단계를 제시하였다. 25세까지가 부모 밑에서 성장하는 단계라면, 50세까지는 가족을 부양하는 단계이고, 50세 이후는 '나'의 삶을 살며 '나'의 삶을 디자인하는 단계이다.

경험해 보지 못한 4차 산업 혁명 시대에, 은퇴 이후에도 평생 일한 만큼의 시간이 기다리고 있다는 것은 4050세대로 보자면 피하고 싶은 현실일 것이다. 이 현실을 외면해야 하는가? 아니면 헤쳐 나가야 하는가? 4050세대는 이와 같은 인생의 변곡점에 놓여 있다.

이때 자신이 좋아하는 삶의 형태, 일, 여가를 서로 크로스해 보고 자신의 것으로 디자인해 보면, 복합적인 '맞춤형' 나의 모습을 확인할 수 있다. 언뜻 생각하면 4차 산업 혁명 시대의 아웃사이더처럼 보이는 4050세대는 이러한 시대 변화에 익숙하지 않기 때문에, 도리어 새롭게 도전할 가능성을 무한대로 갖고 가지 않을까.

최신 버전의
이력서와 자기소개서 준비하기

4050세대가 이력서를 쓴 경험은 아마 20~30대 때일 것이다. 그러니까 20~30년 동안 이력서를 작성해 본 경험이 없다는 말이다. 현재 구직자들은 그전과는 다른 형태의 이력서와 자기소개서를 작성하는데, 이 과정에서 전문가 클리닉을 이용하기도 한다.

더욱이 4050세대는 무심코 동일한 이력서와 자기소개서를 동시에 여러 구인처에 보내는 실수를 저지르기도 한다. 구인처들은 그 조직에서 필요한 역량, 조직 문화의 적응, 직무에 대한 열정을 보여 달라고 요구하기 마련이다. 그러므로 이력서와 가족소개서 내용은 구인처마다 달라야 한다.

이러한 훈련이 덜 된 4050세대는 화려하기 짝이 없는 이력서와 자기소개서를 보내곤 한다 하지만, 조직에서는 이를 반기지 않는다.

대규모 유통 회사에서 경력직 남자 직원 한 명을 채용한다는 공고를 올렸다. 수많은 지원자가 몰렸고 나름대로 화려한 경력을 지닌 지원자들이 많았다. 그러나 합격의 영예를 안은 주인공은 다름 아닌 젊은 여성이었다. 이게 어떻게 된 일일까?

대학 시절, 그녀는 이 유통 회사가 속해 있는 그룹 계열의 편의점에서 3년 동안 아르바이트를 하였다. 이 기간에 회사의 유통 구조를 경험한 그녀는 이에 대한 개선 방안과 아르바이트를 하면서 얻은 깨달음을 수치로 표현하는 등, 다양한 자료를 이력서와 자기소개서에 담았다. 그 덕분에 남성을 선호하는 유통 시장에 뛰어들어 '취업'이라는 소기의 목적을 달성할 수 있었다. 여기서 우리는 자신이 가지고 있는 재능과 능력, 자질도 중요하지만, 이를 잘 표현할 수 있어야 경쟁력을 갖출 수 있다는 것을 알 수 있다.

이력서는 구직자와 인사 담당자와의 첫 만남을 가능하게 해 주는 매개체이다. 자신을 대변하는 문서이자, 나를 좀 더 구체적으로 표현할 면접의 기회를 얻을 수 있을지 여부를 결정해 주는 '문서로 표현된 또 하나의 나'이다.

따라서 구직을 하고자 한다면, 최대한 정성을 다해 '상품으로서의 자신'을 알릴 필요가 있다. 인사 담당자가 이력서 한 장을 검토하는 데 걸리는 시간은 10초 내외에서부터 평균 30초로, 길어야 2분을 넘기지 않는다. 짧은 시간에 단 한 장의 이력서로 취업의 당락이 결정된다고도 할 수 있으므로, 이력서를 정성껏 작성하는 것이 취업의 첫걸음인 셈이다.그리고 이력서는 자신의 가치를 평가받는 중요한 마케팅 도구이다. 그러므로 자신의 실력을 잘 드러내 보여야 긍정적인 첫인상을 남길 수 있다.

인터넷 채용 시대에 이력서는 예전보다 오히려 더 중요해졌다. 서류 전형만으로 지원자의 80%까지 걸러내는 상황에서, 인사 담당자는 이력서 내용만으로 그 사람의 능력과 자질, 인성 등을 파악하려 하기 때문이다. 따라서 즉흥적으로 쓰지 말고 내용과 형식을 꼼꼼하게 살핀 다음, 몇 번이라도 수정하여 완벽하다고 느낄 때 제출해야 한다. 취업을 위해서는 여러 가지 자격 요건이 필요하다. 하지만 뛰어난 능력의 소유자라 할지라도 자신의 능력을 적절하게 포장하지 못한다면, 자신의 몸값을 제대로 받지 못할 수도 있다.

첫인상을 중시하는 사람들이 많은 데서 보듯, 첫 느낌이 좋은 이력서는 일반적인 이력서보다 인사 담당자들의 시선을 끌기 마련이다. 거기에다 지원자들의 실력이 엇비슷하다면, 이력서를 성실하고 깔끔하게 작성한 사람을 선택하는 것은 당연한 결과이다.

1. 이력서는 취업을 위한 1차 관문으로, 면접을 위해서는 반드시 통과해야 하는 필수 과정이다.

2. 이력서는 나를 대변해 주는 첫인상이며, 서류로 만나는 첫 번째 면접으로, 면접 기회, 채용 결정에 영향을 준다.

3. 이력서는 공식적으로 허용된 나의 홍보지로 나의 브랜드, 뛰어난 역량, 상품 가치, 잠재 능력 등을 마케팅할 수 있는 도구이다. 이러한 요소를 어떻게 표현하는지에 따라 나의 가치가 달라진다.

4. 인사 담당자는 이력서를 통해 성격, 능력, 적합성 등을 판별하려는 경향이 있고, 지원자에 대해 많은 것을 알고 싶어 하기 때문에 이력서는 중요하다. 사실, 이력서를 잘 작성하기만 해도 취업 가능성이 70% 높아진다.

이력서와 더불어 자기소개서에서는 구직자의 기본적인 자질, 심리 상태, 소유한 역량의 수준, 문장 사용 능력까지 꼼꼼하게 체크할 수 있다. 성장 배경이나 가정환경은 그 사람의 성격 형성에 상당한 영향을 미치게 된다. 그러므로 인사 담당자는 자기소개서에 나타난 개인의 성격 또는 가치관, 대인 관계, 조직에 대한 적응과 성실성, 역량 수준, 열정, 책임감 등을 살펴보고자 한다.

특히 눈여겨보는 것은 그 사람의 장래성이다. 이는 어떠한 동기로 입사를 지원하였고, 입사 후에는 어떠한 자세로 업무에 임할 것이며, 따라서 그 사람의 장래성은 어떠한지를 파악하고자 하는 것이다. 따라서 취업의 핵심인 이력서와 자기소개서는 항상 '최신 버전'으로 준비해 두어야 한다.

진로 일기 쓰면서 동기 부여하기

우리나라 대기업에서 중시하는 인재의 조건 1위는 창의성(2008년) → 도전 정신(2013년) → 소통과 협력(2018년)으로 변화를 보여 왔다. 이 내용만 보면, 대기업들은 진취적이나 창의적이어서 남보다 뛰어난 인재보다는 대인관계가 원만하고 소통이 가능한 열린 마음을 가진 인재를 선호한다는 것을 알 수 있다. 이는 개인의 사회망을 통한 부가가치를 높이고자 하는 의미이며, 대인관계가 좋은 인재는 그만큼 실업에서 자유롭다는 의미이기도 하다.

구직은 제품 판매와 유사하다. 자신에게 최대의 기회를 줄 수 있는 고용주에게 자신의 기술, 재능, 역량, 인맥 등을 팔아 일자리를 사는 것이다. 고용주는 종업원이 조직에 어떤 이득을 가져다줄 것이며, 조직의 성공에 어떻게 기여할 수 있는가에 관심을 갖는다.

그런 고용주에게 자기 자신을 효과적으로 판매하기 위해서는 자신을 효과적으로 표현하는 방법을 알아야 한다. 구직 기회에 대한 결정에서 가장 흔하게 저지르는 잘못은 자기 자신의 요인들을 적절하게 표현하지 못한다는 점이다. 이럴 때 이용할 수 있는 것이 '진로 요약본'이다. 진로 요약본은 직업을 가질 때 언제 어디서나 당황하지 않고 대처할 수 있도록 구상한 것으로, 변경 사항이 있을 때마다 다시 작성하여 가장 최신의 것으로 보완한다.

진로 요약본은 자신에 관한 직무 관련 정보를 명확하고 이해하기 쉬운 방식으로 작성하는 것으로, 자신이 조직에 어떻게 기여할 수 있는가에 초점을 두고 기록하여야 한다. 이를 통해 자신과 고용주가 서로를 더 많이 이해할 수 있고, 불명확성을 해결하며, 상호 신뢰를 증진하고, 직선적인 대화를 촉진할 수 있다. 진로 요약본은 진로 서류철을 이용하여 작성한다.

진로 서류철은 자신에 관한 자료를 서류화하여 철하고 보관하는 개인의 정보 저장소로, '진로 포트폴리오'라고 할 수 있다. 이 서류철은 자신의 적성, 흥미, 가치관에 관한 판정표, 생애 역할, 생애 목표, 자신만의 역량, 경력 사항, 이수한 훈련 내용, 취득한 자격증, 진로 계획서 등을 차례대로 보관하여 관리하는 것이며, 학교 성적표, 졸업장, 상장, 각종 연수에 참여한 수료증 등도 포함되어야 한다. 이 서류철을 정리하다 보면 자신이 가지고 있는 능력을 새삼 깨닫고 새로운 능력을 탐색할 수 있게 된다.

진로 요약본과 진로 서류철이 준비되었다면, 진로 일기를 통해 생애를 전망한다. 진로 일기란 진로 탐색 과정의 최종 단계에서 자신의 삶에 대한 미래 시간 전망과 함께, 목표와 구체적인 실행 계획을 적어 보는 것이다. 진로 일기를 위해서는 자신의 진로 목표가 설정되어야 하며, 전 생애적 장기 목표뿐만 아니라 단계별 단기 목표와 최단기 목표 설정이 선행되어야 한다.

진로 일기는 앞으로의 인생 계획표이다. 진로 일기를 작성하는 단서는 자전거 여행가인 차백성 씨가 알려 준다. 그는 1개월짜리 자전거 여행을 위해 6개월을 준비하며, 여행 시 필요한 물을 조달하기 위한 슈퍼마켓의 위치, 화장실의 위치까지 조사한다. 1개월짜리 여행의 계획표는 서녁에 도착지를 정하고 역순으로 작성한다.

인생 계획도 이와 마찬가지로 역순으로 작성한다. 150세가 우리 인생의 종착지이다. 그렇다면 지금부터 150세까지 어떤 모습으로 살 것인가를 전체적으로 조망하는 것이다. 즉, 자신이 어떤 인간이 될 것인가에 대한 완성도를 갖고 가기 위한 인생 계획표를 작성하는 것이다.

인생 계획에 들어갈 자료에는 나의 꿈, 인생 분기점별 생애 운영 형태, 나의 구조 조정, 가정에서의 역할, 지지 시스템 구축, 자산 관리, 건강관리, 살아야 할 곳, 여가 관리가 포함된다. 그리고 여기에는 각각 추구하고자 하는 목표들을 제시한다. 가령, 자산 관리의 목표, 여가의 목표와 같은 실행하고자 하는 목표들을 제시하여 인생 계획에 녹여야 한다. 이러한 자료들이 서로 상충되거나, 한쪽 비중을 너무 높여도 불협화음이 생긴다. 그렇기 때문에 이 많은 요인이 서로 조화를 이루도록 인생 계획표를 작성한다.

다음으로 시간 배분을 어떻게 해야 하는지가 관건이 된다. 자신이 하고자 하는 일들이 요구하는 절대적인 시간에 대하여 정보를 수집한다. 교육을 받아야 하면, 재취업하고자 하는 직업에서 요구하는 최소한의 교육 기간을 확인한다. 또 그 직업에 도전하였다면 앞으로 더 배워야 할 자질들도 분석한다. 그리고 그 직업에서 요구하는 문화가 자신의 성격과 맞는지도 생각해 볼 필요가 있다.

이와 같은 과정을 거친 후 '진로 일기'를 작성한다. 진로 일기는 평생을 두고 일주일을 단위로 작성하는 것이다. 예상되는 사망 나이를 추정하고, 인생 목표를 설정하는 한편, 종사하고 싶은 직업, 도달하고자 하는 경제적 수준, 쟁취하고자 하는 사회적 지위, 받고자 하는 교육, 살고 싶은 장소 등을 구체적으로 구상해 본다.

그리고 일주일, 1개월, 6개월, 1년, 3년, 5년, 10년, 15년, 20년, 30년 등 각 기간 동안에 예상되는 사회적 지위, 경제적 수준, 받고자 하는 교육, 살고 싶은 장소 등을 명시하고 목표를 설정하여, 해야 할 일을 일주일 단위로 분석해 낸다. 또 이러한 내용을 표로 작성하여 한눈에 알아볼 수 있도록 하고, 일주일이 지난 후 자기가 설정한 목표를 어느 정도 달성했는지 평가하여 그 결과를 퍼센트(%)로 나타낸다. 평가 결과에 따라 목표를 조정하거나 다시 세워 가는 과정에서 자신의 진로를 진지하게 생각해 볼 수 있다.

진로 일기는 되도록이면 오랫동안 간직할 수 있는 노트를 준비하며, 너무 큰 것보다는 간편한 크기가 좋다. 진로 일기는 진로 개척 과정에서 용기를 잃거나, 무기력해지거나, 생활에 활력소가 없을 때 자신에 대한 새로운 면모를 발견하고 용기를 갖게 해 준다.

진로 일기를 작성할 때 유의할 점들이 있다. 150세 인생에서 40대나 50대는 인생의 중반이 아니라 시작에 불과하다. 그러니 이 시기에는 지금까지의 삶과는 다른 삶을 개척하는 것이 가능하다. 진로 일기에서 제시되는 직업들은 10년에 1개꼴로 보자면, 최소한 5개 이상의 직업을 탐색하게 된다.

계획을 세웠다면 추진해야 하는데, 그러는 동안에 잠시 쉬어 갈 정거장이 여러 번 있기는 하지만 머나먼 여정임에 틀림없다. 진로 일기는 쉬어 갈 때마다 목표 달성을 점검하고 수정·보완한다.

맨 처음 작업은 직업 검사를 받아 보고, 전직이나 창업과 같은 진로를 결정하여 로드맵을 구상하는 것이다.

전직의 경우에는 HRD.net에 제시된 직업 훈련에 참여하거나, 대학원에 입학하여 요구하는 지식이나 기술을 취득한다. 이 과정 동안은 전직 분야에 대한 정보를 지속적으로 수집하고 분석하여 퇴직 시기를 가늠한다. 이러한 과정들은 10년 주기로 반복되며 5년 동안 적응하고,

5년 이후부터 전직이 가능한 직종에 대한 정보 수집, 전직하려는 직종의 직업인과의 면담, 의사결정, 전직 관련 공부를 시작하여 전직을 준비한다. 이와 같은 사이클은 80대까지 지속되다가 90세는 파트타임, 100세는 자원 봉사 활동 등으로 인생 로드맵을 결정한다.

한편 창업을 하기로 결정한다면, 다음 예시를 참조하여 창업 진로 로드맵을 구상한다.

연령대		직업	준비 활동
40세	초반	회사 부장 재직	대학원 입학, 관광 경영 전공, 창업 스쿨 교육 훈련받기
	후반	회사 부장 재직 중 자본금 확보 및 퇴사, 관광 여행사 창업	대학원 졸업, 회계·재무, 역사, 전산, 영어 공부
50세	초반	관광 여행사 경영, 미국 및 유럽의 해외 관광 여행사와 제휴 및 홍보	세계사 및 한국사, 영어 공부
	후반	관광 여행사 경영, 테마 관광 상품 미국 및 유럽 판촉	세계 및 한국 건축사, 영어, 중국어 공부, 관광 경영 박사 과정 입학
60세	초반	관광 여행사 경영, 한국 정원 휴게소 구상 및 건설	세계 및 한국 건축사, 영어, 중국어 공부, 박사 학위 취득
	후반	관광 여행사, 한국 정원 휴게소 경영	호텔 경영, 영어, 중국어 공부
70세	초반	관광 여행사, 한국 정원 휴게소 경영, 황토 호텔 신축	이벤트 기획, 영어, 중국어 공부
	후반	관광 여행사, 한국 정원 휴게소, 호텔 경영	이벤트 기획, 영어, 중국어 공부
80세	초반	관광 여행사, 한국 정원 휴게소, 호텔 경영, 차밭과 차 체험관 구상 및 신축	경영 기법, 박물관학
	후반	한국 정원 휴게소, 호텔, 차 체험관 경영	경영 기법, 영어, 중국어 공부
90세	초반	한국 정원 휴게소, 호텔, 차 체험관 경영, 복지 사업 구상	사회 복지학
	후반	복지 사업 운영	사회 복지학
100세	초반	복지 사업 운영	사회 복지학
	후반	복지 사업 운영	사회 복지학

[표] 창업 커리어 로드맵

진로 로드맵을 검토하여, 완성되었다고 판단되면 진로 일기를 작성한다. 다음의 진로 일기 예시문은 창업에 대한 것이다.

추정 사망 연도: 2123년 4월 24일 　　　　　　　　　　작성일: 2020년 4월 30일

일정	연령	목표	추진 내용	해야 할 일	
2020. 4. 30	43	회사 부장 재직	– 나 자신 이해 하기 – 진로 로드맵 구상하기	– 직업 심리 검사 받아 보기 – 나의 여가시간 분석하기 – 영어 회화 30분씩 연습하기 – 직업에 관한 정보 탐색하기 – 가족과 하루 30분 대화하기 – 유머 감각 기르기	100 100 80 90 100 50
2020. 5. 7	43	회사 부장 재직	– 직업 정보 탐색하기 – 직업 정보 구체화하기 – 직업 시나리오 구상하기	– 직업 심리 검사 결과 확인하기 – 직업 상담 3회 참여하기 – 직업에 대한 정보 수집하기 – 직업 종사자와 면담 일정 확정하기 – 직업 시나리오 구상하기 – 창업 공부하기 – 영어 회화 30분씩 연습하기 – 가족과 하루 30분 대화하기 – 유머 감각 기르기	1주일마다 스스로 진도를 평가하여 %로 표시
2020. 5. 30	46	회사 부장 재직	– 직업 결정하기 – 관련 대학원 학과 탐색하기 – 직업 시나리오 2종 작성하기 – 가족과 직업 시나리오 협의하기	– 직업 결정에 따른 장단점 논하기 – 직업 상담 3회 참여하기 – 적합 직업 선정하기 – 직업 시나리오 2종 구상하기 – 직업 시나리오를 가족과 협의하기 – 관련 전문 공부 계획하기 – 영어 회화 30분씩 연습하기 – 가족과 하루 30분 대화하기 – 유머 감각 기르기	
2020. 10. 30	51	회사 부장 재직	– 대학원 재학 – 관광 여행 관련 자격 취득	– 대학원 논문 준비하기 – 관광 관련 단체 가입하기 – 관광 여행 관련 자격 취득 하루 2시간 공부하기 – 관광 상품 개발을 위한 여행하기 – 영어 회화 30분씩 연습하기 – 가족과 하루 30분 대화하기 – 유머 감각 기르기	

2024. 4. 30	46	퇴사 준비	– 자본금 확보 – 창업 준비 – 퇴사 준비	– 대학원 졸업 – 자산 점검하기 – 관광 상품 개발하기 – 회계·재무, 역사, 전산, 영어 공부 하기 – 가족과 하루 30분 대화하기 – 유머 감각 기르기	

2029. 4. 30	51	경영자	– 관광 아이템
			  개발하기
			– 미국 및 유럽
			  의 해외 관광
			  여행사와 제
			  휴 및 홍보
				– 미국 및 유럽 여행객 요구도 분석
				  하기
				– 도자 공예 관광 및 체험, 한의학
				  관광 및 체험 아이템 개발
				– 미국 및 유럽의 반응 분석 및 홍
				  보하기
				– 미국 및 유럽의 여행사와 제휴
				  맺기	

[표] 나의 진로 일기 예시문

다음은 진로 일기 작성 후의 행동 강령이다.

1. 초심에서 '나의 진로 일기' 점검을 일주일마다 하기

2. 150세까지 아직 100년이 남아 있다는 생각 굳히기

3. 내 인생 스승의 삶의 철학, 신조, 업적 충분히 알기

4. 나의 브랜드에 맞게 행동하기

5. 24시간 쉬지 않는 자가 발전기 가동시키기

6. 실행은 전문가처럼 하기

7. 수정은 하되 포기는 하지 않기

8. 욕심 부리지 않기

9. 자만하지 않기

나의 유언장
미리 써 보기

1997년 IMF 외환 위기 이후 대량 실업 상태에 놓여 있던 사람들을 위해 대한YWCA연합회와 함께 '실업 충격 완화 프로그램'을 운영한 바 있다. 실업자를 위한 우리나라 최초의 프로그램으로, 3주 동안 실시하였다. 프로그램 마지막에는 유언장을 작성하고 발표하는 시간이 있었다.

그 당시 남자 50여 분이 참석하였는데, 그중 재미난 에피소드를 들려준 분이 있었다. 집에서 열심히 생각을 거듭하며 유언장을 작성하고 있는데, 이를 본 딸이 엄마에게 아빠가 자살하려고 유언장을 쓰고 있다고 하여 한바탕 소동이 벌어졌다는 것이다. 이러한 프로그램을 다른 집단을 대상으로 실시하였더니, 유언장의 취지를 다르게 해석한 경우도 있었다.

이 활동에서 말하는 '유언장'은 자식들에게 깨우침을 주거나 자산을 물려줄 목적으로 작성하는 통상적인 의미의 유언장이 아니다. 내가 죽었다고 가정하고, 그때 사람들이 나를 어떤 사람으로 기억해 주기를 바라는지 적어 보는 것이 이 유언장의 취지이다. 예를 들면, '그는 온후한 성격의 소유자로, 늘 긍정적인 태도를 보였고 남을 배려할 줄 아는 사람이다.'와 같은 평가이다.

이 유언장은 결국 '나의 정체성'을 제시하는 것이다. 그러기에 자기 인생의 철학이요, 자신이 나아갈 좌표이자, '나 자신'이기도 하다. 앞으로 나아갈 방향을 제시하는 역할을 하므로, 유언장은 신중하게 수차례의 검토를 거쳐 작성한다. 유언장을 작성하고 나면, 항상 볼 수 있도록 가까이에 비치해 둔다.

이 유언장은 지금 자신이 추구하는 삶을 향해 정확히 나아가고 있는지를 점검하는 단서가 된다. 자신을 채찍질하며 올바르게 나아가도록 촉구하는 빛과 같은 존재이기에 정성 들여 작성해야 한다. 그동안 삶에 대한 관념이 달라졌을 경우, 다시 작성해 보는 것도 좋다.

이 유언장에는 자신의 인생철학과 인품이 고스란히 담겨 있어야 한다. 이를 위하여 우리 선조들이 지켜 낸 고매한 인품을 직업별로 접근하면 참고가 될 것이다.

고려 시대의 경우 〈고려사〉 열전에 입전(立傳)되어 있는 650명의 인물 중 직업과 관련된 인물 235명, 조선 시대의 경우는 〈연려실기술〉에 실려 있는 인물 224명에 대하여 직업별로 공통적 자질, 성격 특성, 직업관과 직업윤리를 분석하였다. 이 두 가지 자료를 통해, 고려 시대와 조선 시대 선조들이 갖고 있던 직업관과 그 시대에서 요구하는 직업윤리가 동일하며, 이는 현대에 적용해도 전혀 손색없는 것이라서 수천 년 동안 우리나라 직업윤리가 전수되어 왔음을 알 수 있다.

삼국 시대 이래로 가장 유망했던 직업인 '행정가'의 공통적 자질을 보면, 청렴결백하고 언행이 바르며 공평한 처리와 몸소 법을 준수하고, 청탁을 배제하며 인재를 등용하는 능력을 갖추어야 하며, 항상 공부하여야 함을 제시하고 있다. 이는 오늘날의 공무원에게 요구되는 직업윤리와 조금도 다를 바가 없다. 이들의 성격 특성을 보면, 온후한 인품에 정직하고 청렴결백하였으며, 결코 교만하지 않고 충직한 한편, 매사에 언행을 조심하였다.

행정가들의 직무 수행 능력으로는 정책 개발 능력, 왕에게 충정 어린 간언을 올리고 업무를 공평하게 처리하는 능력, 법을 준수하는 준법정신을 들 수 있다. 이들은 근면하고, 과단성이 있고, 법을 몸소 준수하며, 청탁을 배제하였다. 이들은 직업 생활을 하면서 항상 공부를 하였고, 권력이나 재력의 유혹에 현혹되지 않았으며, 국민을 위하고, 인재 등용 시에 공정성을 기하는 한편, 인재를 알아보는 능력을 갖고 있었다.

외교관의 공통적 자질은 문장력이 우수하고, 외국어에 능통하였으며, 국가 이익을 위해서라면 목숨도 아끼지 않았다. 이들의 성격 특성을 보면, 예절이 바르고, 태도가 단정하며, 정중하고 온후하고, 유려한 문장과 달변으로 국가의 이익을 관철하는 투지를 갖고 있으며, 논리가 정연하고 지식이 풍부하며 국가관이 투철하였다. 은퇴 후에는 저술 활동이나 인재 양성에 매진하였다.

군인들의 공통적 자질은 불리한 전황을 승리로 이끌어 낸 용병술에 능하며, 적에게 결코 항복하지 않고 진지를 사수하며 부하를 사랑하였다. 이들의 성격 특성을 보면, 용맹하고 관후하였고 강직하였으며 지혜가 뛰어났다. 이들은 병기술에 뛰어났고 엄격한 규율을 적용하며, 국익을 우선시하여 전술을 구상하고 국민을 보호할 목적으로 전술을 전개하였다. 유명한 장수일수록 부하를 잘 다스렸다.

교수·박사·지식인·저술가의 공통적 자질을 보면, 그 분야의 최고 전문가로서 다양한 분야를 섭렵하였고, 퇴직 후에도 활동하였으며, 주로 학생 지도에 열정을 가졌다. 이들의 성격 특성을 보면, 올곧았으며 효자였고 인품이 높았으며 진중하였다. 이들은 평소 이론을 정립하였고, 저술 활동에 매진하였으며, 독자적·전문적 분야를 일으키고 교육에 힘썼다. 퇴직 후에는 후진 양성에 앞장섰고, 국가의 책략을 구상하고 왕의 실책을 간언하였으며, 항상 공부하고 연구하였다. 이들은 인재 풀(pool)을 개척하는 능력과 인재를 알아보는 능력이 있었다.

의사의 공통적 자질을 보면, 병든 자를 구제하려는 마음이 가득하여 자신의 재산을 돌보지 않았으며, 병자의 귀천을 가리지 않았고, 근면하고 검소히였다. 이들의 성격 특성을 보면, 생명을 귀중하게 여겼고, 병자의 귀천을 가리지 않으며, 혼신을 다해 병자를 돌보았다. 자신의 재산은 병자를 구제하는 데 사용하였다.

대표적인 직업에서 나타난 선조들의 직업별 특성은 우리에게 많은 시사점을 준다. 삶에 대한 선조들의 철학은 우리를 올바른 길로 인도해 줄 수 있다. 그러므로 유언장을 작성하기에 앞서 '인생 스승'으로 삼을 만한 인물을 탐구해 보고, 이들의 인생철학을 음미하며 자신의 인생철학을 다듬어 볼 필요가 있다. 이러한 과정을 거친다면 멋진 유언장을 쓸 수 있을 것이다.

사십과
오십 사이